KB035733

화담집

종달새의 날갯짓에서 이끌어낸 기의 철학

청소년 철학창고 29

화담집, 종달새의 날갯짓에서 이끌어낸 기의 철학

초판 1쇄 발행 2011년 12월 10일 | 초판 3쇄 발행 2019년 5월 20일

풀어쓴이 김교빈
펴낸이 홍석 | 전무 김명희 | 기획 채희석
편집 유남경 | 표지 디자인 황종환 | 본문 디자인 서은경
마케팅 홍성우 · 이가은 · 홍보람 · 김정선 | 관리 최우리
펴낸곳 도서출판 풀빛 | 등록 1979년 3월 6일 제8-24호
주소 서울특별시 서대문구 북아현로 11가길 12 3층(북아현동, 한일빌딩)
전화 02-363-5995(영업), 02-362-8900(편집) 팩스 02-393-3858
홈페이지 www.pulbit.co.kr | 전자우편 inmun@pulbit.co.kr

ⓒ 김교빈, 2011

ISBN 978-89-7474-564-6 44150
ISBN 978-89-7474-526-4 44080 (세트)

이 책의 국립중앙도서관 출판시도서목록(CIP)은 서지정보유통지원시스템 홈페이지(seoji.nl.go.kr)와
국가자료공동목록시스템(www.nl.go.kr/kolisnet)에서 이용하실 수 있습니다.(CIP제어번호 : CIP2011005056)

책값은 뒤표지에 있습니다.
파본이나 잘못된 책은 구입하신 곳에서 바꿔 드립니다.

화담집

종달새의 날갯짓에서 이끌어낸 기의 철학

서경덕 지음 | 김교빈 풀어씀

'청소년 철학창고'를 펴내며

우리 청소년이 읽을 만한 좋은 책은 없을까? 많은 분들이 이런 고민을 하셨을 겁니다. 그러면서 흔히들 고전을 읽어야 한다고 합니다. 하지만 서점에 가서 책을 골라 보신 분들은 느꼈을 겁니다. '청소년의 지적 수준에 맞춰서 읽힐 만한 고전이 이렇게도 없는가.'라고.

고전 선택의 또 다른 어려움은 고전의 범위가 매우 넓다는 것입니다. 청소년 시기에는 시간과 능력의 한계 때문에 그 많은 고전들을 모두 읽을 수 없습니다. 그렇다면 어떤 책을 읽어야 할까요?

이런 여러 현실적인 어려움을 고려해 기획한 것이 풀빛 '청소년 철학창고'입니다. '청소년 철학창고'는 고전의 핵심이라 할 수 있는 '철학'에 더 많은 무게를 실었습니다. 그 이유는 무엇일까요?

사람들은 일반적으로 철학을 현실과 동떨어진 공리공담이나 펼치는 학문이라고 생각합니다. 하지만 철학적 사고의 핵심은 사물과 현상을 다양하게 분석하고 종합해서 그 원칙이나 원리를 찾아내는 것입니다. 그래서 철학은 인간과 세상에 대해 깊이 있게 생각하고, 논리적으로 종합하는 능력을 키워 줍니다. 그런 만큼 세상과 인간에 대해 눈떠 가는 청소년 시기에 정말로 필요한 공부입니다.

하지만 모든 고전이 그렇듯이 철학 고전 또한 읽기가 쉽지 않습니다. 그래서 '청소년 철학창고'는 청소년의 눈높이에 맞추기 위해 선정에서부터 원문 구성에 이르기까지 많은 노력을 기울였습니다.

첫째, 책을 선정하는 과정에서부터 엄격함을 유지했습니다. 동양·서양·한국 철학 전공자들이 많은 회의 과정을 거쳐, 각 시대마다 동서양과 한국을 대표하는 철학 고전들을 엄선했습니다. 특히 우리 선조들의 사상과 동시대 동서양의 사상들을 주체적인 입장에서 비교하고 검토할 수 있도록 했습니다.

둘째, 고전 읽기의 참다운 맛을 살리기 위해 최대한 원문을 중심으로 구성했습니다. 물론 원문 읽기의 어려움을 해결하기 위해 새롭게 번역하고 재정리했습니다. 그리고 청소년이라면 누구나 어렵지 않게 읽으면서 고전이 주는 의미와 내용을 이해할 수 있도록 설명을 덧붙였고, 전체 해설을 통해 저자의 사상과 전체 내용을 다시 한 번 정리해 주었습니다.

마지막으로 쉬운 것부터 읽기 시작해 점차 사고의 폭을 넓혀 가도록 난이도에 따라 세 단계로 구분했습니다. 물론 단계와 상관없이 읽고 싶은 순서대로 읽어도 됩니다.

우리 선정위원들은 고전 읽기의 진정한 의미가 '옛것을 되살려 오늘을 새롭게 한다(溫故知新).'는 데 있다고 생각합니다. '청소년 철학창고'를 통해 자라나는 청소년들이 인간과 사물에 대한 깊은 통찰력을 키워, 밝은 미래를 열어 나갈 수 있기를 진정으로 바랍니다.

2005년 2월

선정위원 허우성(경희대 교수, 동양 철학)   윤찬원(인천대 교수, 동양 철학)
          정영근(서울산업대 교수, 한국 철학)   허남진(서울대 교수, 한국 철학)
          이남인(서울대 교수, 서양 철학)   한자경(이화여대 교수, 서양 철학)

들어가는 말

서경덕(1489~1546)은 조선 중기 이후 한국 성리학의 토대를 다지는 데 큰 역할을 한 사람이다.

성리학은 고려 말 안향에 의해 받아들여졌고 이론적인 발전을 통해 한국적인 모습으로 자리 잡은 것은 중종 무렵 서경덕과 회재 이언적에 의해서였다. 그 뒤를 이어 한국적 성리학의 완성을 이룩한 사람은 바로 이황과 이이였다. 그래서 한국 성리학의 큰 획을 그은 6명을 꼽아서 성리학 6대가라고 부를 때 이 네 사람이 모두 해당된다.

성리학 6대가란 화담 서경덕, 회재 이언적, 퇴계 이황, 율곡 이이, 녹문 임성주, 노사 기정진을 가리킨다. 그 가운데 서경덕, 이이, 임성주는 상대적으로 기(氣)를 중시한 학자들이고 이언적, 이황, 기정진은 리(理)를 중시한 학자들이다. 그런 점에서 본다면 서경덕은 기를 중시한 학자들 가운데 처음으로 그 토대를 마련한 사람이 된다.

성리학은 이기론을 그 설명의 축으로 삼아 세계를 해석한다. 이기론은 이(理)와 기(氣)를 가지고 우주의 모든 이치를 설명하는 이론을 말하는데, 그 가운데 리가 불변의 도덕 법칙 또는 인간의 삶의 규범을 가리킨다면 기는 그러한 이치가 드러나는 현상으로서 인간과 자연의 변화를 설명하는 개념이다. 이기론에서 서경덕은 자연 현상을 중심으로 한 만물의 변화 발전을 기로 설명한 기 철학자였다. 이 같은 서경덕의 사상이 가장 잘 담겨 있는 문집이 바로 《화담집》이다.

전통 시대에는 학자인지 아닌지를 문집이 있는지 없는지로 가렸다. 문집은 그 사람의 글을 모아 놓은 것으로 보통은 후대의 제자들이 정리했다.

문집은 시, 부와 같은 문학적인 글과 사람들끼리 주고받은 편지, 남에게 써 준 묘비 글, 그 사람의 일생을 정리한 연보 등을 담고 있다. 그리고 문집 가운데 철학적인 글은 대부분 잡저(雜著)에 담겨 있다. '잡저'라는 표현만 보면 잡다한 글이라는 뜻처럼 읽혀서 중요하지 않은 것으로 보이지만, 사실은 그 문집 주인의 사상을 집약하고 있다. 서경덕의 철학을 잘 드러내는 〈원이기(原理氣)〉, 〈이기설(理氣說)〉, 〈태허설(太虛說)〉, 〈귀신사생론(鬼神死生論)〉, 〈복기견천지지심설(復其見天地之心說)〉 등도 모두 잡저에 실려 있는 글들이다.

서경덕의 문집은 실린 글이 많지 않지만 내용의 수준으로 본다면 매우 높은 편이다. 이러한 점은 청나라 건륭제가 중국을 비롯한 동아시아의 이름난 저서를 모아 편찬한 《사고전서》에 서경덕의 글이 실려 있다는 점에서도 잘 나타난다.

《화담집》에 나타난 서경덕의 사상은 장재를 비롯한 중국 학자들의 영향을 많이 받았지만 그의 뛰어난 점은 그러한 사상을 이어받았음에도 불구하고 독창성을 유지하고 있었다는 사실이다. 그래서 율곡 이이는 서경덕의 사상을 부분적으로 비판하면서도 그에게는 스스로 깨달은 맛이 있다고 했다.

우리는 이 책을 통해 500여 년 전 한국 성리학의 새 지평을 연 서경덕의 사상과 만나게 될 것이며 그것은 오늘날 우리에게 또 다른 의미로 다가올 것이다.

2011년 12월
김교빈

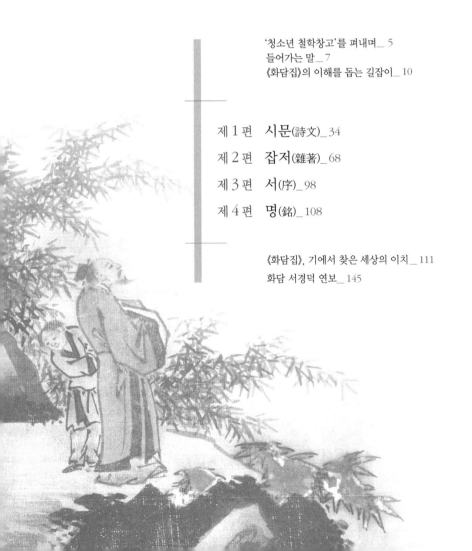

《화담집》의 이해를 돕는 길잡이

1. 성리학이 나오게 된 사회적·사상적 배경

성리학은 '본성[性]이 곧 이치[理]'라는 명제를 첫 번째 원칙으로 인정하는 학문이다. 다른 이름으로는 송나라 때 나온 학문이라고 해서 송학이라고도 부르며, 주자가 집대성했기 때문에 주자학이라고도 하고, 정호·정이 형제와 주희의 학문이 중심을 이룬다는 뜻으로 정주학이라고도 한다. 또한 공자·맹자 중심의 진나라 이전 유학과 구분하여 신유학이라고도 한다. 한편 영미권에서는 신유학을 번역하여 Neo-Confucianism이라고 부른다.

성리학이 나오게 된 배경은 다음과 같다. 먼저 사회적 배경을 보

자. 송나라 앞의 왕조였던 당나라는 각 지방에 병마절도사를 두고 지방 행정과 함께 군대를 거느릴 수 있게 했다. 왕권이 강할 때에는 별 문제가 없었지만 왕권이 약해지면서 지방의 병마절도사들이 군대를 일으키는 일이 많아졌고 이런 혼란이 결국 당나라를 무너지게 했다.

송나라는 이 같은 당나라의 전철을 밟지 않기 위해 건국 초기부터 문치주의를 표방했다. 하지만 그 결과 국력이 약해지면서 이민족인 여진족에게 양자강 이북을 빼앗기고 말았다. 그래서 북쪽의 개봉에 수도가 있었던 시대를 북송, 양자강 이남으로 내려가 임안에 수도가 있었던 시대를 남송으로 구분한다.

북쪽 땅을 잃고 양자강 남쪽으로 쫓겨 내려간 상황에서 중국인들의 바람은 강한 나라를 만들어 빼앗긴 북쪽 땅을 되찾는 것이었다. 당시와 같은 봉건주의 체제에서 강한 나라가 되는 지름길은 임금의 권한이 강해지는 것이며, 그러기 위해서는 임금에 대한 신하들의 변치 않는 충정이 요구될 수밖에 없었다. 그것이 옳은 이치이며 인간에게 있어서 절대 변할 수 없는 도덕 법칙이었다. 즉, 절대 권력을 유지하는 기반이 될 절대주의 철학을 요구하게 된 것이다.

다음으로 사상적인 배경을 보자. 춘추 전국 시대 공자에서 맹자로 이어진 유학은 진시황이 중국을 통일하고 법가 사상을 통치 이념으로 삼으면서 변두리 사상으로 밀려났다. 하지만 진나라가 무너지고 한나라가 선 뒤 무제가 동중서의 건의를 받아들이면서 유학이 국가 학문이 되었다. 그러나 훈고학(유교 경전의 문자와 어구 해석을 중심으로 한 학문)이라 불리는 한나라의 유학은 철학적 깊이를 갖지 못했다.

그 뒤 한나라 말기에 이르면 왕권이 약해지면서 중국 전체가 엄청 난 혼란에 빠졌고 한편으로 전염병이 크게 유행했다. 정치적 혼란과 전염병의 유행 속에서 대부분의 사람들에게 죽음이 큰 화두가 될 수 밖에 없었고 이러한 상황이 많은 사람들을 불교와 도교에 의지하게 만들었다.

한나라 말기부터 위진 남북조의 혼란을 수습한 수나라와 당나라 가 불교와 도교를 국교로 삼은 것은 이러한 민심의 흐름을 받아들였 기 때문이다. 이렇게 불교와 도교가 융성하자 이에 대한 유학의 대 응이 절실하게 필요했다.

이 같은 흐름 속에서 송나라 초기부터 사상적인 변화가 일어났으 며 북송 중기에 이르러 본격적인 유학 부흥 운동이 시작되었다. 유 학 부흥 운동은 유학 전통에 대한 자기비판인 동시에 불교와 도교에 대한 비판이었다. 이 과정에서 유학의 철학적 토대를 구축한 것이 성리학이었다. 성리학은 불교와 도교를 비판하기 위해 불교와 도교 철학의 형이상학적 개념들을 끌어들여 본성론이나 이기론 등을 완 성한다.

유학 부흥 운동은 문학, 역사학, 경학 방면에서 치열하게 이뤄졌다. 문학 방면에서는 당시 유행하던 글쓰기가 알맹이 없는 글이라는 반성에서 시작해 옛날식 글쓰기로 돌아가자는 고문 운동(古文運動)을 전개하면서 멋들어진 표현보다 내용에 중요성을 두었다. 특히 글의 내용은 현실에 도움을 줄 수 있는 유교의 '도(道)'를 담아내야 한다고 주장했다.

다음으로 역사학 방면에서는 공자가 쓴 역사책 《춘추(春秋)》의 전통을 이어받아 역사가는 사실을 끌어모으는 데 임무가 있는 것이 아니라 도덕에 입각해서 옳고 그름을 가리는 것이 더 중요하다는 주장을 폈다. 그래서 사마천의 《사기》처럼 사건 중심의 서술을 반대하고 《춘추》처럼 연대별로 사건을 기록할 것을 주장했다.

다음으로 경학 방면에서는 한·당 이래 유행한 훈고학과 사장학(당나라와 송나라 초기에 유행한 학문 경향으로서 문장의 꾸밈이나 형식을 중시함)을 비판하면서 유교 경전에 담긴 뜻을 밝히는 것을 주된 임무로 삼았다. 그들은 시를 짓고 유교 경전의 글귀를 외우던 과거 시험을 국가 정책에 대해 의견을 밝히는 '책문(策問)' 형식으로 바꿀 것을 주장했다.

이처럼 유학 부흥 운동은 경전의 뜻과 성인의 도를 밝히는 것으로 초점이 모아졌다. 그 결과 무엇이 성인의 도이며 이것이 어떤 계보로 전해졌는가를 따지는 '도통론(道統論)'이 제기되었다. 이 도통론은 유학 내부로는 정통론(正統論)과 맞물려 있었으며 유학 외부로는 불교와 도교를 배척하는 이단론(異端論)으로 나아갔다.

2. 이 책에 등장하는 인물과 용어 해설

1) '북송 오자(北宋五子)'와 주희

북송 오자는 북송 때 성리학 성립의 기초를 다진 주돈이, 소옹, 장재, 정호, 정이 이렇게 다섯 학자를 가리키며 여기에 성리학을 집대성한 주희를 더해서 송조 6현이라 부른다.

| 주돈이 |

주돈이(1017~1073)는 북송 성리학의 선구자로 일컬어지며, 호는 염계다. 주희는 주돈이를 공자와 맹자 이후 천 수백 년 동안이나 끊어졌던 성인의 도를 이은 사람으로 보았다.

주돈이는 특히 '태극도'라는 그림의 해설인 〈태극도설〉에서 태극으로부터 음양과 오행을 거쳐 만물이 나오는 과정을 설명함으로써 성리학의 우주관과 철학적 기초를 마련했다.

〈태극도설〉은 태극도(15쪽 그림)에서 보이는 것처럼 만물의 본질인 태극이 운동하면서 음과 양의 요소가 나오고 여기에서 다섯 가지 물질인 수(水), 화(火), 목(木), 금(金), 토(土)의 오행이 생성되고 이 오행이

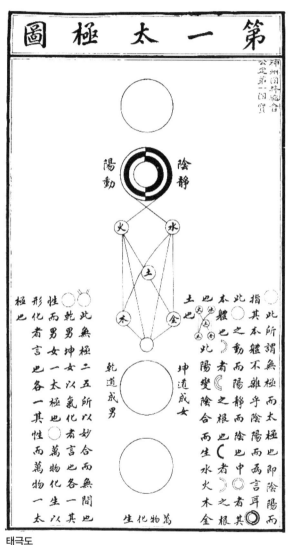

태극도

《화담집》의 이해를 돕는 길잡이 •

서로 결합하여 인간과 만물이 생성된다고 설명한다. 그리고 만물 가운데 가장 빼어난 존재가 인간이며 인간은 만물과 달리 수준 높은 기를 지니고 있기 때문에 잘 수양하면 성인이 될 수 있다고 했다.

그래서 〈태극도설〉로부터 만물의 형성과 변화를 설명하는 이기론, 성인이 되는 방법을 설명하는 수양론 등이 나오게 된다.

뒷날 주희는 주돈이의 〈태극도설〉을 해설하면서 태극은 리(理)이고 음양오행은 기에 해당한다고 함으로써 만물의 본질인 태극을 도덕 법칙으로 끌어들였다. 그 과정을 통해 〈태극도설〉은 성리학의 자연관과 인간관, 수양론 등을 잘 보여 주는 전형으로 자리 잡게 되었다.

| 소옹 |

소옹(1011~1077)은 주돈이와 같은 시대 사람으로, 호는 강절이다. 따라서 소강절이라고도 불렸다. 도가 철학의 영향을 많이 받았고 《주역》의 태극→음양→사상→8괘→만물의 우주 생성 도식을 바탕으로 수로 모든 변화를 설명하는 상수학(象數學)을 만들었다.

그는 특히 12시간이 모여 하루가 되고(전통 사회에서는 하루를 자축인묘진사오미신유술해의 12간지로 나누었음) 30일이 모여 한 달이 되며, 12달이 모여 1년이 되고 30년이

모여 한 세대가 된다고 함으로써 12와 30의 반복으로 우주의 시간 변화를 설명했다.

그리고 사람의 입장이 아닌 우주 자연의 입장에서 우주 자연을 보려 했던 그의 인식 방법에서 후대의 과학적 인식 방법을 볼 수 있다.

| 장재 |

장재(1020~1077)는 호를 횡거라고 하며 《역전》의 내용을 바탕으로 기일원론적 세계관을 제시했다. 그는 온 우주가 기로 가득 차 있다고 보고, 그 기를 둘로 나누었는데, 하나는 흩어져서 구체적인 사물의 형체를 갖고 있지 않는 '태허의 기(太虛之氣)'이고 나머지 하나는 모여서 구체적인 사물의 형체를 갖고 있는 '객형의 기(客形之氣)'다.

하지만 태허의 기로부터 객형의 기가 나오고 객형의 기는 다시 태허의 기로 돌아가기 때문에 이 둘은 모습만 다를 뿐 하나의 기라고 말한다. 따라서 온갖 사물이 생겨났다 사라지는 것은 다만 기가 잠시 모였다가 흩어지는 것일 뿐이지 죽어 없어지는 것이 아니라고 보았으며, 그런 입장에서 장재는 '만인은 모두 나의 동포요, 만물은 모두 나의 짝'이라고 했다.

정호(1032~1085)의 호는 명도(明道)이며, 동생 정
이(程頤)와 함께 이정자(二程子)라고 불렸다. 아버
지가 형제 모두를 주돈이에게 보내어 제자가 되
게 했다.

그는 만물이 하나라는 관점에서 리와 기도 하
나로 이해하는 이기 일원론(理氣一元論)을 주장했
고, 우주 만물의 근본 원리인 리(理)가 곧 만물의
본성이라는 입장에서 성즉리(性卽理)를 주장했다.

정이(1033~1107)의 호는 이천(伊川)이며 북송 오
자 가운데 주희에게 가장 큰 영향을 준 학자다.
그는 하늘의 이치를 리(理)라는 말로 이해했고,
리를 만물의 궁극적인 원인으로 보았다. 또한 리
는 형이상의 존재이고 기는 형이하의 존재로 나
눔으로써 정호와 달리 이기 이원론(理氣二元論)을
주장했으며, 우주 만물은 모두 기를 부여받아 모
습을 갖추지만 그 속에 각각의 이치를 담고 있다
고 보았다.

이러한 주장은 본래 리가 하나지만 구체적인 만물 속에 담겨진 이치는 각각 다르다는 입장을 보임으로써 주희의 이일분수설(理一分殊說)에 영향을 주었다.

| 주희 |

주희(1130~1200)는 호가 회암(晦庵)이며, 북송
성리학자들의 주장을 집대성하여 성리학의 체
계를 완성했다. 그는 정이가 리를 높인 사상을
토대로 삼고 장재의 기에 대한 설명을 받아들
여서 자신의 사상 체계를 만들었다.

그의 이론은 사물의 존재에 대한 설명인 이기론과 인간 존재에 대한 도덕적 설명인 심성론(心性論), 그리고 완성된 인간으로서의 성인(聖人)이 되는 길을 설명하는 공부론(工夫論)으로 구성되어 있다.

성리학은 주희가 살아 있을 때 거짓 학문으로 몰리기도 했지만 원나라에서는 관학이 되었고 그 뒤 명나라와 청나라 시대에는 국가의 이념이 되어 청나라가 망할 때까지 절대적 지위를 누렸다.

그는 유교 경전인 사서(논어·맹자·대학·중용)를 자신의 생각으로 해석한 《사서집주》를 펴냈으며 이 책에 담긴 주희의 해설이 과거 시험의 모범 답안이 됨으로써 동아시아 유교 지식인들에게 중요한 텍스트로 받아들여졌다.

2) 주역

《주역》은 본래 점치는 데 쓰는 책이다. 하지만 단순히 점치는 책으로서가 아니라 삶에 대한 판단 기준을 제공해 주는 지혜를 담은 책이며, 유교의 오경 가운데서도 가장 심오한 철학을 담고 있는 책으로 여겨져 왔다.

《주역》은 크게 경문과 역전 두 부분으로 이루어져 있으며, 경문은 본문이고 역전은 경문에 대한 해설이다. 역전은 모두 10개의 글로 이루어져 있는데, 본문의 이해를 돕는 열 개의 날개라는 뜻으로 10익이라 불린다.

《주역》은 우주 만물의 변화를 음양의 변화 원리로 풀이해 놓고 있고 내용은 표현 방식에 따라 크게 상징 부호와 그에 대한 설명으로 구성되어 있다. 상징 부호의 기본은 음과 양으로서, 한일자처럼 죽 그은 선이 양효(一)고, 가운데가 끊어진 모양을 한 것이 음효(--)다. 이 두 가지를 조합하여 만든 세 줄로 된 8괘가 기본이며 이 8괘를 다시 조합한 것이 64괘다.

기본 8괘는 건(乾, ☰) 태(兌, ☱) 리(離, ☲) 진(震, ☳) 손(巽, ☴) 감(坎, ☵) 간(艮, ☶) 곤(坤, ☷)이며, 그 가운데 건곤감리의 네 괘가 태극기에 들어 있다. 이 8괘는 각각 건이 하늘, 태가 못, 리가 불·태양, 진이 우뢰, 손이 바람, 감이 물·달, 간이 산, 곤이 땅을 상징하는데, 경우에 따라서는 건괘는 아버지를 상징하고 곤괘는 어머니를 상징하며 나머지 여섯 괘는 자식들을 상징하기도 한다.

　기본 8괘를 사물과 성질에 비유해서 간략하게 설명하면 다음과 같다.

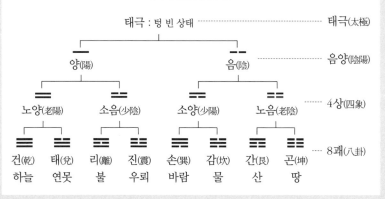

〈팔괘의 명칭과 그것이 비유하는 것〉

괘의 명칭	기호	비유하는 사물	비유하는 성질
건(乾)	☰	하늘	강함
태(兌)	☱	연못	온순함
리(離)	☲	불	밝음
진(震)	☳	우뢰	분별
손(巽)	☴	바람	우유부단
감(坎)	☵	물	지혜
간(艮)	☶	산	고요함
곤(坤)	☷	땅	부드러움

〈역의 발전과 조직〉

태극 : 텅 빈 상태 ·················· 태극(太極)

양(陽)　　　　　음(陰) ········· 음양(陰陽)

노양(老陽)　소음(少陰)　소양(少陽)　노음(老陰) ······ 4상(四象)

건(乾)　태(兌)　리(離)　진(震)　손(巽)　감(坎)　간(艮)　곤(坤) ···· 8괘(八卦)
하늘　연못　불　우뢰　바람　물　산　땅

지금까지 《주역》을 연구해 온 흐름은 크게 두 파로 나눌 수 있다. 이것은 연구자가 《주역》을 어떻게 보느냐에 따라 달라진 것으로, 하나는 《주역》을 수리와 예언의 책으로 보는 상수학파고, 다른 하나는 주역을 도덕, 철학의 책으로 보는 의리학파다. 주희는 이 두 흐름을 종합하여 《주역》 이론을 썼다고 평가된다.

《주역》의 역(易)에는 바뀐다는 뜻과 쉽고 간단하다는 뜻이 있다. 《주역》의 첫 번째 원리는 세상 모든 것이 다 변한다는 것이다. 하지만 그 변화 속에 달이 찼다 이지러졌다 하는 것이 변함없는 것처럼 변하지 않는다는 뜻이 담겨 있다. 그리고 이러한 현상은 쉽고 간단하게 알 수 있다는 것이다. 그래서 《주역》의 세 가지 원리는 첫째 변한다, 바뀐다, 둘째 간단하고 쉽다, 셋째 변하지 않는다다.

《주역》으로 점을 쳐서 얻은 결과는 회린(悔吝)과 길흉(吉凶)으로 압축된다. 회린은 후회하거나 안타까워하는 것이고 길흉은 좋거나 나쁜 것을 의미한다. 《주역》을 윤리적으로 해석하는 입장에서는 흉할 것이라는 점괘가 나오면 스스로 반성하고 조심해야 한다고 해석한다. 반대로 길할 것이라는 점괘가 나오면 그 예상을 잘 유지할 수 있도록 조심해야 한다고 해석한다. 그러므로 《주역》은 이미 결정된 미래의 변화를 알려 주는 것이 아니라 스스로 자신을 반성하고 조심하는 계기가 되는 책이다.

3) 태극과 태허

태극과 태허는 모두 초월적인 개념이다. 그 가운데 태극이 성리학의 중심 개념이라면 태허는 노자와 장자에서 쓰인 개념이며 뒷날 성리학에서는 기를 중시하는 장재와 서경덕 정도가 중요 개념으로 사용했다.

성리학에서 태극은 모든 만물의 본질이며 가장 높은 개념이다. 우리나라 국기를 태극기라 부르는 까닭은 그 안에 태극이 들어 있기 때문이다. 태극기에서 태극은 엄밀한 의미에서는 가운데 있는 ○이다. 그 속에 들어 있는 ~과 청색, 적색은 음양을 상징한다. 구체적으로 설명하면 ~은 물결처럼 끊임없이 음에서 양으로 또 다시 양에서 음으로 바뀌는 기의 변화를 보인 것이며, 청색과 적색 또한 서로 상대적인 두 색을 통해 세상 모든 만물이 음과 양으로 이루어져 있음을 보인 것이다. 태극기의 네 귀퉁이에 있는 건(☰), 곤(☷), 감(☵), 리(☲)는 하늘과 땅, 물과 불처럼 음양이 더 구체화된 대표적인 사물을 기호로 그려 놓은 것이다. 유교에서는 이 태극을 깨달으면 성인이 된다고 생각했다.

이와 달리 태허는 성리학에서는 거의 쓰이지 않는 개념으로, 장자가 가장 최고의 경지로 말한 절대 자유의 개념이다. 하지만 서경덕과 장재는 모든 만물을 기의 변화로 설명하는 철학자였기 때문에 성리학에서 가장 궁극의 이치라고 생각하는 태극보다는 최고 변화의

경지인 태허를 중요 개념으로 삼았다. 그리고 오히려 태극을 사물의
변화 속에 담긴 변화의 궤적 정도로 낮추어 보았다.

4) 이기론

성리학을 이해하기 위해 가장 먼저 알아야 할 중요한 개념 가운데
하나가 리(理)와 기(氣)이다. 이기론을 이해하기가 쉽지는 않지만 사
실 그렇게 어려운 것만도 아니다.

리는 모든 사물의 원리인 동시에 도덕 법칙이다. 예를 들어 중·
고등학교 교과목 가운데 리(理)로 끝나는 과목이 있다. 물리, 지리,
윤리가 그러하다. 물리는 사물의 이치고, 지리는 땅의 이치며, 윤리
는 사람의 이치다. 그런 점에서 리는 이치, 법칙, 원리 등을 뜻한다.

리에는 두 가지 측면이 있다. 첫째는 만물 하나하나의 구체적인
원리로 작용하는 측면이며, 둘째는 모든 만물의 공통적인 원리로 작
용하는 측면이다. 전자가 개별 사물의 이치라면 후자는 모든 만물을
포괄하는 이치다.

구체적인 측면에서 보면 사람의 이치와 개의 이치와 나무의 이치
가 모두 다르다. 그리고 각각의 이치, 원리가 다르기 때문에 사람과
개와 고양이와 나무의 모습이 다 다른 것이다. 그러나 사람 속에서
도 아버지의 이치, 어머니의 이치, 자식의 이치, 남자의 이치, 여자
의 이치 등이 다 다른 것이지만 다 합치면 결국 사람의 이치로 귀결

된다.

마찬가지로 사람과 고양이와 개의 이치는 모두 동물의 이치로 귀결되고, 여기에 나무와 꽃 같은 식물의 이치가 합쳐져서 생물의 이치로 귀결되며, 다시 돌의 이치와 쇠의 이치 같은 무생물의 이치까지 합쳐져서 존재의 이치가 되는 것이다. 그러므로 구체적인 사물의 이치는 다르지만 공통의 측면에서 본다면 모든 사물의 이치는 하나다.

그러나 기는 리와 달리 구체적인 사물을 이루는 바탕이며 리와 기는 한 사물 속에 같이 들어 있다. 예를 들어 컴퓨터를 보자. 사람들은 오랜 옛날부터 자신의 경험을 체계화해서 머리에 기억해 두었다. 그리고 그 기억들 가운데 필요한 것들만 오려내서 조합하여 새로운 아이디어로 끌어내기도 하고, 기억의 내용을 바꾸어 새롭게 머리에 저장해 두기도 했다. 때로는 계산을 하기도 하고 때로는 메모를 해 두기도 한다. 바로 이러한 원리를 응용해서 만든 것이 컴퓨터다.

그런데 원리만 있다고 해서 어떤 사물이 만들어지는 것은 아니다. 원리는 설계도와 같은 것이고 이 설계도에 따라 반도체, 모니터, 자판기 등의 부품이 필요하다. 이러한 부품을 만드는 재료들이 성리학에서는 기에 해당한다. 또한 재료들의 작동이나 전원을 키고 끄는 것들도 모두 기에 해당한다. 따라서 모든 컴퓨터 속에는 컴퓨

터의 원리인 리와 구체적인 소재들을 이루는 기가 함께 들어 있는
셈이다.

5) 기

서경덕이 일생 동안 탐구한 철학은 기 철학이었다. 기는 고대인들
이 자연이 숨 쉰다고 생각한 데서 나왔다. 서양 사람들이 처음에는
기를 에너지(Energy), 공기(Air), 숨결(Breath) 등으로 번역했지만 지금
은 중국식 또는 한국식 발음 그대로 chi 또는 ki라고 표기한다. 그
이유는 서양에는 기를 대신할 번역어가 없기 때문이다. 그런 점에서
기는 동양만의 세계관을 잘 보여 주는 독특한 표현이다.

기는 고대부터 우주 만물의 변화 발전을 설명하는 중요한 개념이
었다. 기는 특히 서구 문명이 들어와서 동양적인 사유들이 침체되기
전까지는 철학만이 아니라 의학, 문학, 예술 등 대부분의 학문 분야
에서 큰 역할을 해 왔다.

오늘날 기는 별로 안 쓰는 개념이어서 기가 무엇인지를 이해하는
일이 쉽지는 않다. 하지만 사실은 아직도 우리가 일상생활에서 별
생각 없이 쓰는 말 속에 많이 남아 있다. 따라서 우리말에 남아 있
는 기와 관련된 생각들을 정리해 보면 기가 무엇인지를 쉽게 알 수
있다.

사람들은 아무것도 없는 빈 공간을 가리켜 허공이라고 부른다. 하

지만 이 세상은 어느 한 곳도 빈 곳이 없으며, 아무것도 없는 것 같은 공간까지도 사실은 기로 꽉 차 있다. 그래서 빈 것 같지만 기로 가득 차 있다는 뜻에서 공기(空氣)라고 하는 것이다.

또한 만물은 작은 것이든 큰 것이든 모두 기로 이루어져 있다. 그 가운데 가장 큰 덩어리를 대기(大氣)라고 하는 것이며, 대기 중에는 공기보다 농도가 짙은 연기도 있고, 액화된 상태의 증기도 있다.

만물이 기로 이루어져 있으므로 사람의 몸도 기로 이루어져 있다. 우리 몸속을 흐르는 혈기뿐 아니라 전통 의학에서 침을 놓는 자리가 기가 흐르는 곳이다. 그런데 만물은 모두 다르다. 그 까닭 또한 기 때문이며 구체적으로는 각각의 사물을 이루는 기가 서로 다른 성질을 지니고 있기 때문이다.

그래서 세상에는 열기가 많은 것도 있고 습기가 많은 것도 있다. 그런 점에서 본다면 만물이 모두 기로 이루어져 있다는 점에서 만물이 같다고 할 수도 있지만 만물 모두의 기질이 다르다는 점에서 본다면 같은 기를 지닌 사물은 하나도 없다. 다만 같은 뿌리에서 나온 것들은 비슷한 기를 지니게 된다. 따라서 같은 부모에서 태어난 형제를 가리켜 동기(同氣)라고도 하는 것이다.

그런데 우리는 기를 느낄 수 있다고 생각한다. 그런 생각을 가장 잘 보여 주는 단어가 감기(感氣)다. 감기란 말 그대로 기를 느꼈다는 뜻이 된다. 우리는 평소 우리 몸을 이루고 있는 것도 기이고 몸 밖의 대기도 기이기 때문에, 물고기가 물속에 살면서 자신이 물속에 있다는 사실을 모르는 것처럼 내 몸 밖의 기와 내 몸의 기를 다른 기라고 느끼지 않는다. 그러다 어느 날 갑자기 오싹해지면서 몸 밖의 기를 다른 기라고 느끼게 되는 것이 바로 감기다. 사실 우리는 한기(寒氣)를 느끼기도 하고 열기(熱氣)를 느끼기도 하며, 심지어는 생기(生氣)와 살기(殺氣)를 느끼기도 한다.

그렇다면 기는 어떠한 모습으로 존재하는가? 기는 끊임없이 움직이는 모습으로 존재한다. 우리가 잘 쓰는 말 가운데 '기가 막혀 죽겠다.'라는 말은 사실이다. 기는 끊임없이 움직이는 것이므로 기가 막히면 죽는다. 그러므로 기의 흐름이 끊어졌다는 뜻의 기절(氣絶)도 맞는 말이다. 그 밖에 기운(氣運)이 좋다거나 기세(氣勢)가 좋다는 말은 모두 기의 움직임이 좋다거나 기의 힘이 좋다는 뜻이다. 또한 기가 세다든가 기가 꺾였다든가 기가 살았다는 말들도 같은 의미를 담고 있다.

특히 기의 움직임은 모였다 흩어졌다 하는 모습으로 나타난다. 군대에서 받기 쉬운 기합(氣合)이란 표현은 기가 흐트러진 사병의 기를 모아 준다는 뜻이다. 그래서 기합을 받고 나면 동작도 빨라지고 눈빛도 살아 있게 되는 것이다. 이 밖에 가수나 탤런트처럼 대중들의 기를 한 몸에 받아 인기(人氣)를 누리다가 대중의 관심이 멀어지면 인기가 떨어지는 수도 있다.

사실 모든 만물에게 있어서 기는 삶의 동력이다. 그래서 기를 쓰고 일하고 기를 쓰고 말한다. 그리고 낮 동안 기를 쓰고 지내기 때문에 저녁이 되면 기진맥진(氣盡脈盡)해 지는데, 그때 다시 기를 채우는 방법이 먹는 것과 자는 일이다. 예로부터 음식을 곡기(穀氣)라고 표현했던 까닭은 곡식에서 기를 얻는다는 표현이다. 그렇게 기를 보충하면 기력이 좋아져서 다시 활기가 넘치게 되는 것이다. 하지만 기가 이런 생명 에너지에 국한된 것은 아니며, 우리의 감정이나 지혜도 모두 기로 이루어져 있다. 기가 몸에 골고루 잘 퍼져 있으면 기분(氣分)이 좋지만, 화가 나면 노기(怒氣)를 띠거나 분기(憤氣)가 생기며, 일이 잘 안되면 오기(傲氣)를 부리기도 하는 것이다.

또한 야단을 맞으면 기가 죽기도 하지만 칭찬을 받으면 기가 살아서 기고만장(氣高萬丈)해지기도 한다. 이러한 마음 상태를 심기(心氣)가 편하다느니 아니면 불편하다느니 하는 것이다. 이 밖에도 지혜가 번뜩이는 사람을 총기(聰氣)가 있다고도 하고, 씩씩한 사람을 용기(勇氣)가 있다고도 한다.

이처럼 기는 물질과 정신을 포괄하는 개념이며 작은 것과 큰 것, 심지어 거대한 시스템까지를 가리키는 개념이다. 전통 철학에서는 기가 눈에 보이지는 않지만 객관적으로 존재한다고 생각했고 이를 통해 만물을 설명했다.

6) 음양오행

음양과 오행은 기의 구체적인 모습을 가리키는 단어다. 본래 개념의 성립 과정을 보면 기, 음양, 오행은 모두 각기 다른 입장에서 생겨났다.

기는 아지랑이나 구름이 피어오르는 모습을 보면서 대자연이 숨쉰다는 생각에서 출발했고, 음양은 햇빛 비치는 밝은 곳과 그늘진 어두운 곳이라는 뜻에서 왔으며, 오행은 다섯 가지 소재를 가리키는 개념이었다. 그러던 것이 춘추 전국 시대 말기부터 한 대 초기에 걸쳐 하나의 개념으로 만나게 된다.

기는 만물 구성의 근본 소재이며 음양은 기가 지닌 양면성이다. 세상 모든 것을 두 가지 측면으로 나누어 설명하는 것이 음양론인 셈이다. 예를 들어 슬픔과 기쁨, 긴 것과 짧은 것, 아름다움과 추함, 밝음과 어둠, 좋은 것과 나쁜 것, 둥근 것과 모난 것, 높은 것과 낮은 것처럼 세상 모든 것이 이렇게 상반된 두 요소의 결합이라고 설명하는 것이다. 그리고 오행은 목, 화, 토, 금, 수의 다섯 요소다. 음양, 즉 해와 달에 목, 화, 토, 금, 수 오행을 결합시켜 만든 것이 월, 화, 수, 목, 금, 토, 일의 일주일이 된다.

특히 오행은 동서남북과 중앙이라는 다섯 가지 방위 개념에서 왔다는 주장도 있고, 목성, 금성, 화성, 수성, 토성의 다섯 별을 관측하는 데서 왔다는 설도 있으며, 다섯 가지 곡식처럼 사람에게 중요한

다섯 요소에서 왔다는 설도 있다. 주돈이가 지은 〈태극도설〉에서는
태극에서 음양이 나오고 음양에서 오행이 나왔으며 태극과 음양의
결합에 의해서 만물이 나왔다고 했다.

│ 일 러 두 기 │

1. 이 책은 1786년 조유선과 마지광 등이 증보 재편집한 활자본 화곡서원판본(1988년 민족문
   화추진회가 발행한 《한국문집총간》 24권에 수록)을 기본 텍스트로 삼고, 1770년 〈부록〉을 더해 3
   권 1책으로 간행한 목판본 영조경인개성본(1985년 여강출판사에서 《화담급문제현집》이라는 이름
   으로 영인 출판함)을 참조했다.
2. 참고할 만한 번역본으로는 황광욱의 《역주화담집》(심산, 2004)과 김학주의 《화담집》(세계
   사, 1992)이 있다.
3. 이 책은 서경덕의 글 가운데 그의 사상을 가장 잘 드러내는 글을 가려 뽑아 재구성했다.
   따라서 원래의 《화담집》 구성과는 약간의 차이가 있다.
4. 책의 구성은 서경덕의 사상을 이해하는 데 필요한 성리학 개념 등을 앞에 붙이고, 이어
   서 시문(詩文), 잡저(雜著), 서(序), 명(銘)으로 나누어 《화담집》에서 가려 뽑은 원문의 해석
   과 글에 대한 해설을 덧붙였다. 또한 서경덕의 생애와 사상을 뒤에 서술했으며 맨 뒤에
   연보를 번역하여 실었다.

제1편

시문(詩文)

제 1 편 시문(詩文)

    제1편에 실린 글은 문학적인 글이다. 일반적으로 문학적인 글로는 시와 부(賦)가 있는데, '부'는 《시경》의 여러 표현 방식 가운데 하나로서 크게 보면 시에 속하지만 시와 달리 지은이의 생각이나 눈앞에 펼쳐진 경치를 있는 그대로 표현한 글이다. 서경덕의 시문은 모두 76편의 시와 1편의 부가 있다. 그 가운데 서경덕의 사상을 잘 드러내고 있는 시 9편을 골랐다.

    여기에 실린 시들처럼 자연이나 자신의 정서를 노래한 시와 달리 철학적인 내용을 담고 있는 시를 도학시(道學詩)라고 한다. 도학이란 유교의 또 다른 표현으로서 도(道)를 추구하는 학문이란 뜻이다. 따라서 도학시는 시에 도에 대한 자신의 철학을 담은 유학자의 작품을 가리키는 말이 된다. 그런 점에서 여기에 실린 9편의 시는 모두 도학시에 해당한다.

    첫 번째 실린 〈김재상이 부채를 보내옴에 감사하며〉는 두 편의 시와 함께 앞에 작은 논문이 붙어 있다. 이 글은 부채를 가지고 바람을 설명하면서 서경덕 자신이 추구하는 핵심 주제인 기(氣)를 말한 유명한 글이다.

    그 밖의 시들도 《주역》이나 소옹의 생각을 끌어다가 만물의 변화를 설명하고 있으며, 〈하늘의 기밀〉, 〈동짓날에 읊다〉, 〈만물의 존재〉, 〈사람의 죽음을 슬퍼함〉도 모두 죽음을 포함하여 우주 자연의 순환과 변화를 설명하고 있다.

1. 김재상이 부채를 보내옴에 감사하며

> 묻노니 부채를 흔들면 바람이 생기는데
> 바람은 어디에서 오는 것인가?
> 만약 부채에서 나온다고 한다면

부채 속에 언제부터 바람이 있었는가?

부채에서 나오는 것이 아니라고 한다면

바람은 어디에서 오는 것인가?

부채에서 나온다고 해도 말이 안 되고

부채에서 나오는 것이 아니라고 해도 말이 안 되네

만일 허공에서 나온다고 한다면

부채를 떠나 허공이 어떻게 스스로 바람을 만들어낸단 말인가?

나는 그렇게 말할 수 없다고 보네

부채가 바람을 몰아칠 수는 있지만

바람을 만들어낼 수 있는 것은 아니로세

바람이 태허에서 쉬고 있을 때에는

고요하고 맑아서 아지랑이나 티끌 먼지가 일어나는 것조차

볼 수가 없다네

그렇지만 부채를 흔들자마자 바람이 곧 몰아치네

바람은 기라네

기가 하늘과 땅 사이에 가득한 것은

물이 계곡을 꽉 채워 조금의 빈틈도 없는 것과 같네

바람이 고요하고 잠잠할 때에는

모였다 흩어졌다 하는 모습을 볼 수 없지만

그렇다고 어찌 기가 없는 때가 있으리오

노자가 '빈 것 같지만 다함이 없어서 움직일수록 더욱 나온다.'라고
한 것이 이것일세
부채를 흔들자마자 몰려간 기가 들끓어 바로 바람이 되네
그래서 《시경》에 '물체로 밀어냄에 기가 몰려들어 바람 불어 대니.'
라고 한 것일세.

한 자의 맑은 바람을 누추한 집에 보내오니
오동나무 기대어 부채 흔드는 맛 좋기도 하구나
뉘 알리오 부채 머리가 하나로 꿰뚫려 있음을
문득 천 가닥 부채 살이 저절로 펼쳐지는구나
부채로 밀어냄에 기가 몰려들어 바람 불어 대니
텅 빈 듯한 허공에서 홀연히 시원해지네
부채 흔들어 먼지 뒤집어쓸 것 없이
대지팡이에 기대어 자연에서 살겠네

초가집 으리으리한 집 가리지 않고
시원한 맑은 바람 곳곳마다 불어 주네
덕(德)은 조화로워서 만물을 도움에 검은 것 흰 것 구분 없고
도(道)는 위대하여 사람 따라 모였다 흩어졌다 하네
나는 무더위 몰아낼 능력 없으니

부채 덕에 서늘한 가을바람 끌어들일 뿐일세

장부라면 반드시 백성 더위 식혀 줘야 하니

나라 안 곳곳에 시원한 바람 보내시게

✤ 이 글은 벼슬도 없이 개성 부근에 묻혀 살던 서경덕이 단오 즈음하여 당시 재상이던 김안국으로부터 부채 선물을 받고 쓴 것이다. 글의 구성을 보면 앞에 서문 형식의 글이 있고 그 뒤에 두 편의 시가 붙어 있다. 비록 짧은 글이지만 이 글이야말로 서경덕의 생각을 잘 보여 주는 매우 중요한 자료다.

오늘날 사람들은 단오를 샴푸 회사 광고하는 날 정도로 알고 있지만 사실 전통 사회에서는 엄청나게 큰 명절이었다. 단옷날은 우리 조상들이 쓰던 음력으로 5월 5일이다. 동양에서는 일찍이 수의 기본인 1부터 10까지의 10개 숫자를 1, 3, 5, 7, 9의 홀수는 양수로 2, 4, 6, 8, 0의 짝수는 음수로 나누었다.

이 같은 생각은 세상 모든 것이 기쁨과 슬픔, 밝음과 어둠, 큰 것과 작은 것, 높은 것과 낮은 것, 줌과 받음, 강한 것과 약한 것, 굳센 것과 부드러운 것처럼 모두 상대적인 것으로 이루어져 있다고 보고 그 상대성을 음과 양으로 이해하는 데서 온 것이다.

그 가운데 기쁨, 밝음, 큰 것, 높은 것, 줌, 강함, 굳셈은 양에 해당하고, 슬픔, 어둠, 작은 것, 낮은 것, 약한 것, 부드러운 것은 음에 해당한다. 이런 생각을 수에 적용해서 양에 해당하는 1, 3, 5, 7, 9는 활발한 수이기 때문에 생명력을 가진 수라는 뜻에서 생수(生數)라고 불렸고, 음에 해당하는 2, 4, 6, 8, 0은 안정된 수이기 때문에 이루어진 수라는 뜻에서 성수(成數)라고 불렸다. 아마도 1처럼 혼자 있거나 3, 5, 7, 9처럼 짝이 안 맞으면 외로워서 그 가운데 하나가 짝을 찾으러 돌아다니기 때문에 활발해지는 것이고, 2, 4, 6, 8, 0처럼 짝이 맞으면 안정이 되는 이치와도 같다.

그래서 활발한 수가 겹치는 날은 생기가 넘치는 날이라고 보고 모두 명절로 삼았다. 1월 1일은 새로운 해가 시작되는 설날, 3월 3일은 봄기운이 왕성해져서 강남 갔던 제비도 돌아온다는 삼짇날, 5월 5일은 한 해 가운데 가장 양의 기운이 높은 단오, 7월 7일은 견우와 직녀가 만난다는 칠석, 9월 9일은 한 해의 수확을 마무리하는 중양절이다. 지금은 설날 하나만 명절로 남았지만 전통 사회에서는 이 다섯 날이 모두 큰 명절이었다. 하지만 이상하게도 짝수가 겹쳐지는 2월 2일이나 4월 4일, 6월 6일 같은 날이 명절인 경우는 하나도 없다.

더구나 단오는 1부터 9까지의 숫자 가운데서도 가장 중심에 있는 날로서 양의 기운이 제일 넘치는 날이다. 이 날 우리 조상들은 그네뛰기, 널뛰기, 씨름, 돌싸움 등 온갖 놀이를 즐겼고 대추나무 시집보내기, 창포물에 머리 감기, 수레바퀴 모양의 떡 만들어 먹기 등을 했다.

그리고 이제부터 여름이 시작되는 때이므로 사람들이 시원하게 지내라는 뜻에서 서로 부채를 선물했다. 나라에서는 각 지방 관아와 공조(工曹)에 부채를 만들어 올리게 해서 임금이 신하들에게 나누어 주었고 일반 백성들도 부채를 선물로 주고받았다. 그 모양도 가지각색이어서 큰 것은 부챗살이 4~50가지나 되었다고 하며, 그 부채에 글씨나 그림을 써 주는 것이 대부분이었다. 그러니까 지금으로 치면 마음과 정성을 담은 에어컨을 한 대 선물한 셈이다.

그런데 보통 사람들이 습관처럼 부채를 선물로 주고받는 것과 달리 재상 김안국으로부터 부채를 선물로 받은 서경덕은 앞에서 본 것처럼 부채가 일으키는 바람을 주제로 한 편의 글과 두 편의 시를 지었다. 어렵기 짝이 없으며 탄탄한 논리가 강조되는 철학을 논문 형식이 아니라 부드러운 시 한 편에 담아 표현하는 멋, 이런 것이 선조들의 여유가 아니었을까?

이 두 편의 시를 읽으면서 우리는 그 안에서 여러 가지 맛을 음미해 볼 수 있다. 우선 두 편의 시는 서로 다른 삶의 모습을 담고 있다. 앞의 시에서 서경덕은 나는 이렇게 살겠다는 자신의 생각을 보이고 있고, 뒤의 시에서는 부채를 보내 준 김안국 그대는 이렇게 살라는 뜻을 담고 있다. 생각해서 부채를 보내 준 것은 고맙지만 시원해지려고 수선스럽게 바람 일으키는 일 없이 나는 그대로 자연에 묻혀 살 터이니, 재상인 그대는 혼자 시원하게 지내려 애쓰지 말고 재상이면 재상답게 온 백성과 함께 시원함을 나누라는 당부가 담겨 있는 것이다.

다음으로 이 시 안에는 서경덕 자신의 철학인 기(氣)에 대한 생각이 담겨 있다. 서경덕은 만물이 기로 이루어져 있다고 보았다. 그러니까 만물이 모두 달라 보이지만 기의 입장에서 보면 하나인 셈이다. 이런 생각이 첫 번째 시에서는 이렇게 표현되어 있다.

뉘 알리오 부채 머리가 하나로 꿰뚫려 있음을
문득 천 가닥 부채 살이 저절로 펼쳐지는구나

이 말을 이해하기 위해 《춘향전》에서 이도령이 들고 다니는 접는 부채를 생각해 보자. 사실 전통 시대 선비들에게 부채는 여름이든 겨울이든 손에서 놓지 않는 필수품이었다. 더울 때는 부채질하는 데 쓰기도 하고, 방향을 가리키거나 사물을 가리키는 지시봉이 되기도 하며, 심지어 길을 가는 데 만나고 싶지 않은 사람이 맞은편에서 오면 얼굴 가리개로 쓰기도 했다. 그리고 그 부채에는 손잡이에 술을 달기도 하고 집터나 무덤 자리를 정할 때 나침반처럼 쓰는 윤도를 달고 다니기도 했다.

그런데 바로 그 부채를 좍 펼치면 몇 십 가지의 부채 살이 펼쳐진다. 위 시의 구절 '천 가닥 부채 살이 저절로 펼쳐지는구나.'에 나오는 '펼쳐진 부채 살'이 바로 만물인 셈이다.

하지만 그 부채 살들은 모두 대나무 살 맨 끝에 구멍을 뚫어 하나로 묶어 놓았다. 그 하나로 묶여진 것이 곧 기인 셈이다. 그러니까 펼치면 만물이 나오지만 그 모든 것이 하나의 기에서 나온다는 생각을 시로 표현한 것이다.

어디 그 뿐인가. 두 번째 시에서는 다음과 같이 표현했다.

초가집 으리으리한 집 가리지 않고
시원한 맑은 바람 곳곳마다 불어 주네
덕은 조화로워서 만물을 도움에 검은 것 흰 것 구분 없고
도는 위대하여 사람 따라 모였다 흩어졌다 하네

초가집과 으리으리한 집이 엄청나게 다른 것 같지만 으리으리한 집이라고 해서 시원한 바람이 더 불어 주는 것은 아니다. 그처럼 만물 또한 모두 똑같은 기로 이루어져 있기 때문에 자연의 덕이 만물을 도울 때 검은 것과 흰 것을 구분하지 않는다는 것이다.

자연의 입장에서 본다면 높은 자리에 앉아 있는 재상이나 논에서 일하고 산에서 나무하는 보잘것없는 백성이나 마찬가지인 것이다. 서경덕의 이런 생각은 모든 만물이 똑같은 기로 이루어져 있기 때문에 만물이 평등하다는 생각으로 나아갔다.

하지만 중요한 것은 무더위 속에서 자기 혼자 시원함을 즐기려는 사람과 다른 사람들과 함께 즐기려는 사람의 차이다. 만물이 하나라는 자연의 이치를 깨닫고 그 이치대로 살아가려는 사람과 그렇지 못한 사람의 차이인 셈이다.

그러한 차이를 서경덕은 '도는 위대해서 사람 따라 모였다 흩어졌다 하네.'라고 표현했다. 이 말처럼 실천은 사람에게 달려 있는 것이고 그런 실천을 하는 사람이 바로 대장부다. 그래서 서경덕은 마지막 구절에서 '장부라면 반드시 백성 더위를 식혀 줘야 할 테니 나라 안 곳곳에 시원한 바람 보내시게.'라고 하면서 김안국의 장부다움을 기대한 것이다.

그런데 서경덕은 이 시 앞에 짧은 글을 서문처럼 덧붙였다. 이 짧은 글은 바람이 왜 생기는지를 설명한 글이다. 선물로 보내온 부채를 들고 멍하니 생각에 잠겼을 서경덕을 생각하면 웃음이 나온다. 하지만 서경덕은 그런 사소해 보일 수도 있는 일을 곰곰이 생각해 보고 나름대로의 설명을 만들었다. 서경덕의 말처럼 바람은 부채에서 나오는 것이 아니며 그렇다고 부채 없이 나오는 것도 아니다. 부채를 흔들면 바람이 생기지만 흔들기를 멈추면 바람이 멎는다. 그렇다면 바람은 왜 생기는 것인가?

서경덕은 계곡에 물이 가득 차 있는 것처럼 우주 공간은 기로 가득 차 있다고 보았다. 그러니까 한 군데도 빈 공간이 없기 때문에 부채로 어느 한 공간을 밀어내는 순간 밀려난 빈 공간으로 그 옆에 있던 기들이 쏟아져 들어오는 것이 바람이라고 생각했던 것이다. 그런 점에서 서경덕은 물리학자에 가깝다고 할 수 있다.

2. 하늘의 기밀[天機]

벽에 하도(河圖) 붙여 놓고
3년 들어앉아 공부했네
혼돈으로 세상 시작되던 때 거슬러 보면
누가 음양과 오행을 움직였을까
서로 응대해서 주고받는 곳에
하늘의 기밀이 뚜렷이 보이네
태일(太一)이 움직임을 주관하고
천체 운행 따라 만물이 바뀌네
음양이 풀무처럼 번갈아 불어 대고
하늘과 땅이 문짝되어 열리고 닫히네
해와 달이 서로 오고가며
바람과 비가 맑음과 흐림을 반복하네
굳셈과 부드러움이 빈틈없이 서로 따라붙고

떠도는 기가 어지럽게 불어 대네

형체 갖춘 만물은 제각기 모양대로 흐르고

이리저리 흩어져 온 세상에 가득하네

꽃과 풀은 저절로 푸르고 붉으며

길짐승과 날짐승은 스스로 내닫거나 날아오르네

누가 그렇게 시키는지 알지 못하니

현묘한 주재자의 일은 기미를 알 수 없도다

만물에 대한 사랑을 드러내면서도 그 작용 속에 감추어져 있으니

널리 쓰이는 속에 은미함이 감추어져 있음을 뉘 알리요

보려 해도 볼 수 없고

찾으려 해도 찾을 수 없네

사물의 이치를 미루어 나아간다면

일의 시작과 끝을 희미하게 알 수 있으리

쇠뇌(쇠로 된 발사 장치가 달린 활)를 쏘는 일은

대장기(대장이 군대를 지휘하는 데 쓰던 군기) 신호에 달려 있고

큰 부대는 용을 그린 기로 부리며

소는 재갈로 복종시키고

말은 고삐로 길들이네

일하는 원칙이 먼 데 있지 않을진대

하늘의 기밀이 어찌 나를 어기리오

사람이 살면서

목마르면 마시고 추우면 옷 입으니

가까운 데서 근본을 만나면서도

근원 자리에 대해서는 아는 이 드물도다

백 가지 생각이 마침내 하나로 만나고

서로 다른 길이 같은 곳으로 돌아간다

자리에 앉아서도 세상일 알 수 있거늘

어찌 문밖 나갈 필요있겠는가

봄이면 어진 덕이 베풀어져 만물이 소생하고

가을이면 위세를 떨치네

바람 잦아들면 달이 밝게 비추고

비온 뒤 풀잎 더욱 향기롭네

알고 보면 모두 음양의 조화라서

만물이 서로 의지하며 존재하네

오묘한 기밀을 꿰뚫어 알고 나니

빈 방에 홀로 앉았어도 저절로 빛이 나네

✛ 아주 중요한 비밀을 누군가에게 몰래 알려 주는 것을 '천기누설'이라고 한다. 그런 점에서는 '국가 기밀'이라는 표현도 마찬가지다. '천기'란 우주 자연의 비밀이나 그 조화 속에 담긴 신비를 뜻하며 천기, 즉 우주 자연의 법칙을 알면 깨달음을 얻는 것이고 때에 따라서는 도사가 될 수도 있는 것이다.

그런데 서경덕은 자신이 깨달은 우주 자연의 이치를 시를 통해 우리에게 말해 줌으로써 천기를 누설하고 있다. 그렇다면 서경덕이 깨달은 천기는 무엇일까?

하도(河圖)는 황하에서 길이 2미터가 넘는 용마가 등에 지고 나왔다는 그림을 가리키는데, 중국의 전설적인 제왕 복희씨(伏羲氏)가 이 그림을 바탕으로 《주역》의 기본이 되는 8괘를 만들었다고 한다. 하지만 서경덕이 말하는 천기는 그렇게 오묘하고 신비롭기만 한 것이 아니다.

천기는 본래 천체의 운행을 따르는 만물의 변화로서 음양과 오행을 움직이게 하는 비밀이다. 그러한 구체적인 변화가 하늘과 땅, 해와 달, 바람과 비, 맑음과 흐림, 굳셈과 부드러움이 서로 번갈아 드나드는 것으로 나타나기 때문에 복잡하게 느껴질 수도 있지만 사실 한마디로 정리하자면 음과 양이다.

서경덕은 이 세상 만물이 음과 양의 두 요소로 이루어져 있다고 보았다. 그 원리는 우리의 삶을 보아도 잘 알 수 있다. 웃을 때가 있으면 울 때가 있고 배부른 사람이 있는가 하면 배고픈 사람도 있다. 젊은 시절도 있지만 늙은 시절도 있고 잘생긴 사람이 있는가 하면 못생긴 사람도 있다. 사람만 이런 것인가? 아니다. 자연도 마찬가지다. 어둠과 밝음이 서로 번갈아 오고 더위와 추위가 자리를 바꾼다. 맑은 날도 있지만 흐리거나 비오는 날도 있고 바다도 있지만 산도 있다.

이처럼 세상 모든 것은 서로 상반된 것들이 자리를 물려주고 받으면서 끊임없이 변해 간다. 그것이 바로 음양의 이치다. 그 음과 양이 서로 교차하는 것을 통해 꽃과 풀은 저절로 푸르고 붉게 자라며, 길짐승과 날짐승은 달리기도 하고 날기도 하는 것이며, 우리는 웃기도 하고 울기도 하며 배고프면 먹고 피곤하면 자는 것이다.

그러니까 음과 양은 서로 반대되는 것이 아니라 서로 기대어 있는 보완적인 것이기도 하다. 그 오묘한 법칙은 보려고 해도 볼 수 없고 찾으려 해도 찾을 수 없는 것 같지만 사실은 사람들이 살아가는 일상 속에 들어 있다.

이 같은 이치는 소를 복종시키는 재갈이나 말을 부리는 고삐처럼 모든 변화의 근본 원리이지만 그 같은 이치를 깨닫는 일은 매우 쉬워서 문밖을 나가지 않고서도 알 수 있다. 그러니까 서경덕이 우리에게 알려 준 하늘의 오묘한 이치는 음과 양의 조화로 드러나는 기(氣)의 변화였던 것이다.

3. 《주역》을 보고 읊다

一

감괘와 이괘가 감추기도 하고 쓰이기도 하는 원리는
만물의 형상보다 앞서 있지만
그 원리가 두루 작용한 뒤에야 비로소 도가 전해졌네
복희씨의 그림은 참모습을 간략히 보인 것이고
주나라 문왕의 문장은 자연 현상을 설명했네
만물의 현상을 연구하면 능히 변화를 알 수 있고
근원부터 찾아 나가면 오묘함을 깨칠 수 있으리
총명한 성인이 세상에 나오지 않았다면
산가지와 역에 의지해 근본 원리를 찾기 어려웠으리

二

복희씨의 그림과 주나라 문왕의 글이 귀신도 감동시켰고
공자는 하늘이 낸 성인이라 그것을 이끌어 펼쳤네
지극한 이치를 넓혀 열어 안 드러내고 남긴 것이 없으니
은연중 마음으로 통하는 것이 사람에게 달렸을 뿐이네

✢ 《주역》은 본래 점칠 때 쓰는 책이다. 점(占)이란 글자는 점친다는 뜻의 복(卜)과 입구(口)자가 합쳐진 것인데, 'ㅣ'은 일생을 살아가면서 계속 변하는 것을 뜻하고 그 변화 가운데 어떤 한 순간을 찍어서(ヽ) 말[口]로 표현해 준다는 뜻이 점(占)자다. 하지만 《주역》은 단순히 미래를 알기 위해 점치는 책이 아니며, 그 속에는 우주 자연의 변화를 이해한 인간의 지혜가 담겨 있다.

인간이 우주 자연의 변화 가운데서 터득한 가장 큰 의미는 《주역》에 담긴 세 가지 의미로 요약된다. 첫째는 이 세상 모든 것이 다 변한다는 사실이다.

이 세상에 변하지 않는 것이 있을까? 낮이 가면 밤이 오고 해가 지면 달이 뜬다. 봄, 여름, 가을, 겨울 또한 끊임없이 변하며, 지구도 태양도 더 크게는 은하계까지도 언젠가는 없어질 것이다. 물질만 그러한 것이 아니라 우리 머릿속 생각도 끊임없이 바뀌며, 사랑도 믿음도 변하기 마련이다. 이처럼 자연 만물이 변한다는 사실이 《주역》의 근본 원리다.

하지만 《주역》의 두 번째 의미는 그렇게 모든 것이 다 변하는 속에 '변하지 않음'이 있다는 사실을 밝힌 데 있다. 달이 변하는 것을 보자. 달은 점점 둥글어지다가 다시 작아져서 없어진 다음 다시 생겨나 둥글어지다가 또 작아져서 없어진다. 이러한 달의 변화 과정은 오랜 옛날부터 지금까지 변함이 없다. 이처럼 아무리 크고 위대한 것도 한 번 생겨난 것은 반드시 없어지는 과정을 벗어날 수 없다. 사람이 태어나서 나이 들어 늙고 병들고 죽음에 이르는 과정 또한 마찬가지다. 그러니까 세상 모든 것이 다 변하지만 그 변하는 과정이나 틀은 변하지 않는 셈이다.

그렇다면 《주역》에 담긴 세 번째 의미는 무엇일까? 그것은 세상 모든 것이 다 변하면서도 그 안에 변하지 않는 틀거리가 있다는 사실을 누구나 쉽게 알 수 있다는 점이다. 해가 떴다 지는 것이나 달이 커졌다 작아졌다 하는 것이나 봄, 여름, 가을, 겨울이 끊임없이 순환하는 모습은 누구나 알 수 있는 간단하면서도 쉬운 진리다.

그렇다면 그 변화의 원리는 무엇일까? 윗글에서 서경덕은 《주역》 8괘 가운데 하나인 감괘(☵)와 이괘(☲)를 가지고 그 원리를 설명하고 있다. 감괘와 이괘는 하늘을 상징하는 건괘(☰), 땅을 상징하는 곤괘(☷)와 함께 태극기의 네 귀퉁이에 그려져 있는 문양이다. 감괘는 물을 상징하고 이괘는 불을 상징한다. 그러니까 물과 불은 서로 대조적인 관계에 있기 때문에 하늘과 땅 다음으로 음과 양을 상징하는 대표적인 사물이다.

또한 태극기의 가운데 있는 ○가 태극이지만 그 속에 있는 붉은색과 파란색, 그리고 ~ 또한 음양과 그 변화를 상징한다. 이처럼 음양의 변화를 통해 우주 만물이 만들어졌다는 철학적인 원리를 담고 있는 것이 우리나라의 상징인 태극기인 것이다.

이 같은 변화를 깨달은 고대 중국의 전설적인 인물이 복희씨와 문왕과 공자였다.

복희씨는 사람들에게 도구를 가지고 사냥하는 법과 그물을 가지고 물고기 잡는 법을 가르쳤다고 하며, 황하에서 길이 2미터가 넘는 용마가 등에 지고 나온 그림을 바탕으로 《주역》에서 기본이 되는 8괘를 만들었다고 한다.

그리고 문왕은 주나라를 일으킨 인물로 복희씨의 8괘를 이어받아 64괘에 대한 설명을 만들었다고 하며, 공자가 다시 이 원리를 이해할 수 있는 글을 《주역》에 덧붙였다고 전해진다. 따라서 전통적으로 이 세 사람이 함께 《주역》을 완성했다고 보았던 것이다.

옛사람들은 이 《주역》으로 점을 쳤다. 어떤 사람들은 자신의 미래를 알고 싶어 점을 쳤고 또 어떤 사람들은 오직 나라나 민족의 장래를 걱정해서 점을 쳤다. 점치는 행위는 같을 수 있지만 그 목적은 다를 수 있는 것이다. 더구나 점의 결과는 언제나 복을 받는다든가 화를 입는다는 말로 나오지 않는다. 복(福)이나 화(禍)는 이미 결정된 상태를 뜻한다. 그런데 '복'이나 '화'라는 글자가 《주역》에 나오지 않는다는 것은 《주역》이 운명론이나 결정론이 아님을 뜻한다.

《주역》에는 오직 '좋을 것이다[吉]', '나쁠 것이다[凶]', '후회할 것이다[悔]', '주저할 것이다[吝]'라는 말이 나올 뿐이다. '후회'하면 좋은 쪽으로 갈 것이고 '주저'하면 나쁜 쪽으로 갈 것이다. 그러므로 나쁘다, 좋다는 표현도 결정된 것이 아니라 예정일 뿐이다.

따라서 점을 치고 나면 그 점괘에 따라 내가 어떻게 행동해야 하는가의 문제가 나오게 되며, 점괘에서 보여 준 좋은 결과를 얻기 위해서 또는 나쁜 결과를 피하기 위해서 끊임없이 자신을 닦아 가는 데에 《주역》의 참뜻이 있는 것이다.

4. 동짓날에 읊다

一

양의 기운이 땅 밑까지 불어와 한 소리 우뢰로 나타나니

기가 황종궁 별자리에 호응하여 재 담긴 악기의 소리통을 움직였네

우물 속 샘물 맛도 오히려 담백하지만

나무뿌리가 흙 속에서 움트기 시작하네

사람이 능히 복괘를 안다면 도가 멀리 있는 것이 아니니

세상 사람들이 그림을 바꾸어도 질서 있는 세상으로 돌아오네

넓고 큰 공부지만 하기에 달렸으니

그대가 도에 이르면 모든 벗들이 오리라

二

하늘의 도는 항상 바뀌는 것이어서

한가롭게 이 몸을 늙게 하네

어여쁘던 얼굴도 해 갈수록 시들고

희어지는 머리칼은 날로 새롭네

예(禮)로 돌이켜도 3개월을 지키기 어려우니

잘못인 줄 알면서도 또 한 해를 넘겼네

어린 양기가 점점 자랄 테니

좋은 일을 행할 때에 머뭇거리지 마시게

✥ 위 시의 첫 구절인 '양의 기운이 땅 밑까지 불어와'는 양기가
발동하는 날인 동지를 표현한 것이다. '기가 황종궁(黃鐘宮) 별자리
에 호응하여'에서 황종궁 또한 동지를 나타내고 있다. 황종궁은 중
국 음악의 12율(十二律) 가운데 가장 기본이 되는 소리로, 중국 음악
의 12율을 24절기에 배정하면 동지는 황종궁에 해당한다고 한다.

'재 담긴 악기의 소리통을 움직였네'란 말은 동짓날이 되면 황종
궁에 해당하는 악기의 소리통[管]에서 재가 날아 나왔다는 데서 유
래된 말이다. 옛날에는 갈대를 태운 재를 12율에 해당하는 악기의
소리통에 넣고 거기에 해당하는 절기를 알아냈다고 한다.

우리 조상들이 쓰던 달력에는 24절기라는 것이 있었다. 음력이 달의 주기를 가지고 만든 것과 달리 24절기는 해를 주기로 만든 것으로 특히 농사짓는 시기를 알려 주는 중요한 역할을 했다. 그 가운데 동지와 하지가 있다. 동지는 1년 12달 가운데 밤이 가장 긴 날이고 하지는 반대로 낮이 가장 긴 날이다.

하지만 밤이 가장 길다는 것은 낮이 다시 길어지기 시작한다는 뜻이고 낮이 가장 길다는 것은 밤이 다시 길어지기 시작한다는 뜻이다. 밤은 어둠이며 음에 해당하고 낮은 밝음이며 양에 해당한다. 그러니까 동지는 음이 가장 많았다가 막 양이 늘어나기 시작하는 순간이고 하지는 양이 가장 많았다가 음이 늘어나기 시작하는 순간이다.

이 두 절기 가운데 예전 학자들이 중요하게 보았던 것은 하지가 아니라 동지였다. 음보다는 양을, 어둠보다는 밝음을 높이는 생각에서 동지까지가 음이 길어진 지나간 세월이었다면 동지부터를 새로운 우주 자연의 시작이라고 보았던 것이다. 그러니까 우주가 매년 새로운 시작을 여는 것이 바로 동지였다.

오늘날 우리는 동지에 팥죽을 쑤어 먹을 뿐 명절이라고 생각하지 않는다. 하지만 전통 사회에서 동지는 엄청난 명절이었다. 심지어 설날이나 추석처럼 조상님께 차례를 지내기도 했고 나라에서는 동지를 기념하여 정기적으로 중국에 사신을 보냈다. 이때 가는 사신은 특별히 동지사(冬至使)라고 불렀다.

서경덕은 세상 만물을 기의 변화를 가지고 설명하려 했다. 그래서 새로운 변화의 시작인 동지를 매우 중요하게 생각했으며 자신의 호도 주역 64괘 가운데 음에서 막 양이 새로 돌아 오르기 때문에 동지를 뜻하는 '복(復)'을 따와서 복재라고 했다.

바로 그 동지는 나무뿌리가 흙 속에서 움트기 시작하는 소생의 순간이다. 아무리 오래된 나무도 새잎을 피우는 것이 자연의 섭리다. 따라서 서경덕은 나날이 늙어 가는 세월 속에서도 늘 새 세상이 온다는 생각으로 착한 일을 행하라고 말하고 있다.

5. 《주역》을 읽다가 우연히 첫 구절과 끝 구절이 같은 시를 얻어 《주역》을 공부하는 이들에게 보임

나는 소옹처럼 시 읊기 좋아하지 않지만
소옹이 높은 이론 펼치던 경지만은 읊는다네
만물이 생기기 전 아직 태극이 열리지 않았을 때에는
혼돈도 없었다 하고
태극으로부터 음양이 생겨나 마주치는 곳에서 물과 불이 생겨났네
평온한 물처럼 정신을 모으면 고요한 하늘 마음이 얻어지고
버들가지에 부는 바람을 점쳐서

변화를 보이는 오동나무에 걸린 달을 알게 되네
가을 강과 봄 못이 어찌 멀리 있으리오
나는 소옹처럼 시 읊기 좋아하지 않네

✤ 이 시도 《주역》과 관련된 시다. 서경덕은 변화를 중요하게 생각한 사람이므로 변화를 설명하는 《주역》을 높인 것이다. 이 시에 인용된 소옹은 송나라 때 유학자인 소강절을 가리키는데 그 또한 《주역》을 중요하게 생각한 사람이었다.

《주역》을 해석하는 사람들은 크게 세 무리로 갈린다. 첫째는 수(數)로 푸는 사람이고 둘째는 괘가 상징하는 모양의 이미지로 푸는 사람이며 셋째는 그 안에 담긴 의미, 즉 도덕적인 이치로 푸는 사람들이다.

첫 번째를 수학파라 부르고 두 번째를 상학파(象學派)라 부르며 세 번째를 이학파(理學派)라 부르는데, 첫 번째와 두 번째가 서로 겹치기 때문에 합쳐서 상수학파(象數學派)라고 부르기도 한다. 소강절과 서경덕은 모두 상수학파에 속하는 사람들이다.

《주역》은 점을 치는 책이었다. 본래 점은 거북이 등껍질이나 배껍질에 '○○과 전쟁을 할까요?', '○○과 전쟁을 하지 말까요?'처럼 두 가지 서로 반대되는 질문을 써 놓고 불에 구워서 크게 갈라진 쪽이 하늘의 뜻이라고 보는 것에서 시작했다. 친구들끼리 엿을 부러뜨려 누구 엿의 잘라진 부분에 난 구멍이 더 큰 것인지로 내기를 하는 엿치기와 비슷한 셈이다.

하지만 점치는 방식과 점괘에 대한 설명이 더 정교해지면서 8괘와 이를 결합시켜 만든 64괘를 기본으로 점에 대한 설명을 만들었다. 그 과정에서 상수학파는 《주역》이 온 세상 만물의 변화 법칙을 담고 있으므로 이 책을 통해 미래를 알 수 있다고 보는 입장에 섰다.

예를 들어 수로 설명하는 수학파를 보면 주역의 기본 원리는 태극(0)에서 음양(2)이 나오고, 음양(2)에서 4상(4)이 나오며, 4상(4)에서 8괘(8)가 나오고, 8괘(8)에서 64괘(64)괘가 나온다고 보았다. 이는 2-4-8-16-32-64의 2진법을 원리로 이루어진 것이다.

특히 소강절은 12와 30을 가지고 하루부터 몇 만 년까지를 변화의 반복으로 설명했다. 하지만 의리학파는 상이나 수가 도덕을 밝히기 위한 수단일 뿐이라고 보고 상수에 매달리면 미신이 된다고 보았다. 그래서 정이나 주희는 모두 《주역》에 담긴 의미를 도덕적으로 해석해 내려고 했다.

그런 점에서 이 시는 의리학파의 입장보다는 소옹처럼 상수학파의 입장을 취하고 있다. 서경덕은 이 시에서 세상이 생겨나기 전에서부터 사계절이 번갈아 오는 지금의 현실까지를 모두 변화(음양의 변화)의 연속이라고 보았다. 그래서 자연과 하나가 되는 마음을 얻으면, 버들가지에 부는 바람을 보고도 오동나무에 걸린 달을 알 수 있는 것처럼 우주 자연의 변화 원리를 깨닫게 된다고 했다.

6. 또 한 수

사물 관찰 공부가 충분하면
나쁜 기운 맑게 걷혀 해와 별 높이 걸리네
스스로 호연지기 좇아 마음속에서 기르니
숲과 샘 속에 내맡겨 세상 번잡함에서 자유롭네

✤ 서경덕의 관점은 도교나 불교의 관점과 다르다. 그는 비록 자연과의 하나됨을 강조하는 장자의 영향을 많이 받았지만 여전히 도덕을 강조하는 유학자였다. 다만 일반 유학자들과 다른 점은 '내면을 닦는 공부'보다는 '사물을 관찰하는 공부'가 학문의 토대를 이루고 있다는 점이다.

또한 불교에서는 모든 집착을 버리라는 의미에서 공(空)을 강조했지만 서경덕은 빈 듯해 보이는 '공'도 기로 가득 차 있는 공간이라고 봄으로써 존재에 대한 불교의 이해를 거부하고 있다.

그리고 비록 자연과 하나가 되어 자유롭게 살고자 했지만 그런 힘 또한 장자가 아닌, 맹자가 강조했던 호연지기(浩然之氣, 하늘과 땅 사이에 가득 찬 넓고 큰 도덕적 용기)에서 온다고 보았다.

맹자는 〈공손추〉 장에 나오는 제자와의 대화에서 북궁유와 맹시사의 용기를 이야기했다. 북궁유는 피부를 찔리거나 심지어 눈을 찔려도 피하지 않았고, 작은 모욕을 당해도 시장 거리에서 모욕을 당한 것처럼 생각해서 그 상대가 임금일지라도 반드시 되갚는 사람이었다. 맹시사 또한 질 것 같은 싸움도 이길 것처럼 생각하는 사람으로서 수만 대군도 두려워하지 않았다.

하지만 맹자는 자신이 지닌 용기는 이런 사람들의 용기와는 다르다고 하면서 자신에게는 호연지기가 있다고 했다. 호연지기란 도덕과 짝하는 용기로서 잘 기르면 온 세상에 가득한 기운이 될 수 있으며 이것이 없으면 사람이 쭈그러든다고 했다.

서경덕은 그 같은 도덕적 용기를 지닌 채 자연 속에서 살려고 한 사람이었다.

7. 소옹이 첫 구절과 끝 구절이 같은 시를 지은 뜻을 이어
   받아 애오라지 옛사람을 벗하려는 생각을 드러냄

나는 소옹처럼 시 읊기 좋아하지 않지만
시 읊조리는 소옹은 알려고 들지도 않네

곤이 삼천리를 뛴다 해도 땅을 벗어날 수 없고

붕이 구만리를 날아도 어찌 기한이 없으리

만물을 모두 감추기도 하고 쓰기도 하는 것이 도인 것을

성인이 어찌 버리리오

시대는 사람을 버리지 않으며 하늘 또한 때가 있네

그 시대 세상 다스릴 사람 무심히 놓칠까봐

나는 소옹처럼 시 읊기 좋아하지 않네

✤ 이 시는 서경덕 자신의 포부를 잘 보여 주고 있다. 이 시에 나오는 '곤이 삼천리를 뛰고', '붕이 구만리를 나는' 이야기는 《장자》 첫머리에 나오는 우화다.

이 우화에는 북쪽 바다에 크기가 어마어마한 곤이라는 물고기가 있고 그 물고기가 변해서 새(붕)가 되는데 그 새의 크기 또한 어마어마하기 때문에 한 번 날개 짓을 하면 물살이 삼천리를 뛰며, 한 번 날아가려면 위로 곧장 구만리를 올라가서 남쪽 바다를 향해 육 개월 날아간 뒤 숨을 한 번 내뱉는다고 했다. 장자는 이러한 우화를 통해 물고기와 새, 크다와 작다, 시간, 공간 등의 제약과 구분 의식을 버리고 모든 것을 상대화시킴으로써 참자유를 얻으려 했다.

하지만 서경덕은 그러한 곤이나 곤이 변한 붕새조차도 모두 한계가 있는 것임을 지적했다. 한계가 있다는 것은 장자가 얻으려는 참

자유를 얻을 수 없다는 것을 뜻한다.

그리고 장자처럼 세상을 벗어나려는 입장이 아니라 오히려 유교의 도는 세상을 그 안에 담고 있으면서도 시대가 바라는 사람의 실천을 통해 세상을 위해 쓰이는 것임을 분명히 했다.

8. 만물의 존재

一

존재하는 것은 오고 또 와도 다 오지 못하니
다 왔는가 하면 곧 또 오네
오고 또 옴은 본래 시작 없음에서 오는 것이라
묻노니 그대는 처음에 어디에서 왔는가

二

존재하는 것은 돌아가고 또 돌아가도 다 돌아가지 못하니
다 돌아갔는가 하면 아직도 다 돌아가지 않았네
돌아가고 또 돌아감을 끝까지 해도 다 돌아감이 없어서

묻노니 그대는 어디로 돌아갈 텐가

✢ 이 시는 만물의 존재가 끝없는 변화 속에 있을 뿐임을 노래한 것이다. 같은 변화지만 이쪽에서 보면 오고 또 와서 끝없이 오는 것이고, 저쪽에서 보면 가고 또 가서 끝없이 가는 것이 된다.

예를 들어 보자. 내가 이 세상에 태어난 것은 어디선가 온 것이고 죽어서 땅에 묻힌 것은 어디론가 간 것이다. 하지만 죽은 뒤 내 몸에서 빠져나간 물은 내 몸에서 보면 어디론가 간 것이고 그 물을 받아들인 땅의 입장에서 보면 어디선가 온 것이 된다.

뿐만 아니라 그 물이 다른 물과 만나 시냇물이 될 수도 있고, 증발해서 하늘로 올라갔다가 비가 되거나 눈이 되어 내릴 수도 있고, 그 물을 식물이 빨아들이거나 동물이 먹을 수도 있으며, 그 식물이나 동물을 사람이 먹을 수도 있다. 그 각각의 경우 또한 한쪽에서 보면 오는 것이고 다른 한쪽에서 보면 가는 것이 된다.

그런 점에서 본다면 끊임없이 오고 다시 끊임없이 가는 변화가 어디로 가는 것도 아니고 어디에서 오는 것도 아닌 것임을 알 수 있다.

이 시는 오고 또 오며 가고 또 가는 끝없는 순환 속에서 시작도 없고 끝도 없이 이어지는 변화의 흐름에 대한 이해를 잘 드러내고 있다.

9. 사람의 죽음을 슬퍼함

一

만물은 어디에서 와서 어디로 가는가
음양이 모였다 흩어지는 이치와 기틀이 오묘하도다
깨달았든 못 깨달았든 구름은 생겼다 없어지니
천지의 변화는 달이 차고 기우는 것과 같구나
시작에 근원하고 끝으로 돌아가니
항아리 두들기며 노래한 뜻 알겠고
몸이 풀려 혼이 떠남은 고기 잡은 뒤 통발을 잊어버림과 같도다
오호라 죽음을 싫어하는 것이 어려서 떠나온 고향으로 돌아가기
싫어함인 줄 아는 사람 몇인가
처음 떠난 제 집으로 돌아가는 것이 죽음인 것을

二

만물은 모두 잠시 머물다 가는 것이니
한 가지 기운 속에서 떴다 가라앉는 것일세
구름이 피어날 때 흔적이 있는가

얼음이 녹으면 자취도 없는 것을
밤낮으로 밝았다 어두웠다 하며
으뜸과 곧음이 시작되면 끝이 나네
진실로 이 이치를 밝게 안다면
항아리 두들기며 우리 선생 보내리

✚ 이 시의 제목은 '사람의 죽음을 슬퍼함'이다. 하지만 시의 내용을 보면 전혀 슬퍼하는 모습이 보이지 않는다.

서경덕에게 삶이란 '잠시 머물다 가는 것'이고, 따라서 삶과 죽음은 '한 가지 기운 속에서 떴다 가라앉는 것'이다. 더구나 그러한 변화는 흔적도 자취도 남기지 않는다. 그래서 서경덕은 삶과 죽음을 '구름이 생겼다 없어지는 것'이며 '달이 차고 기우는 것'으로 이해했다.

더구나 서경덕에게 죽음은 '처음 떠난 제 집으로 돌아가는 것'이었다. 이러한 죽음에 대한 이해는 장자의 생각에서 온 것이다. 장자는 부인이 죽었을 때 부인의 시체에 걸터앉아 항아리를 두드리며 노래를 불렀다. 친구 혜시가 조문을 하러 왔다가 그 모습을 보고 놀라서 슬프지 않느냐고 물었다. 그러자 장자는 자신도 처음에는 슬펐지만 가만히 생각해 보니 슬퍼할 것이 없더라는 것이다. 자신의 부인이 처음 왔던 곳으로 돌아간 것일 뿐이니 슬퍼할 일이 아니라는 것이다. 그리고 사람들이 삶은 좋아하고 죽음은 싫어하는 것은 어려서 고향을 떠나온 사람이 고향에 대한 기억이 없어서 고향으로 돌아가기 싫어하는 것과 같다고 했다. 《장자》에 나오는 '고기 잡은 뒤 통발을 잊어버린다.'라는 말 또한 같은 뜻의 다른 표현인 셈이다.

이처럼 서경덕은 삶과 죽음에 대해 어떤 것이 더 좋다 나쁘다가 아니라 상대적인 것일 뿐이며, 변화의 한 모습일 뿐이라고 생각했다. 서경덕은 구름이 피어나도 그 흔적이 없는 것이나 얼음이 녹았는데 자취도 남아 있지 않은 것이 곧 삶과 죽음의 모습이라고 보았던 것이다.

제2편

잡저(雜著)

제 2편 잡저(雜著)

문집에 실린 여러 글 가운데서 철학적인 주장을 담고 있는 글은 대부분 〈잡저〉에 실려 있다. 서경덕은 이 글에서 만물의 근원은 태허이며 태허는 처음 생겨난 때가 없이 영원히 존재하는 무한 공간이라고 했다. 그리고 태허는 텅 빈 것처럼 보이지만 사실은 빈 공간이 아니라 기로 가득 찬 모습이라고 했다.

기는 물질적인 것이든 정신적인 것이든 모든 변화의 원인이라고 보았다. 그래서 귀신과 사람의 삶과 죽음까지도 모두 기의 변화로 보고 있다. 또한 서경덕은 일반 성리학자들이 이기론을 펼치면서 도덕론자의 입장에서 리를 강조한 것과 달리 물질의 변화를 중시하는 입장에서 불변의 도덕 법칙을 뜻하는 리보다 기가 먼저라고 강조했다.

그러한 변화에 대한 설명은 〈복괘에서 하늘과 땅의 마음을 본다〉에 더욱 잘 나타난다. 이 글에서 서경덕은 일 년 열두 달의 변화 가운데 동지를 계기로 세상이 한 번 바뀌는 것이라고 하면서 그 변화의 계기인 복(復, 동지를 의미함)괘를 강조했다.

이 같은 서경덕의 학문 자세는 자연 철학적 입장에 해당한다. 그래서 심지어는 온천물이 따뜻한 이유를 철학적으로 설명하려고 했다. 이러한 모습을 통해 서경덕의 주된 관심이 우주 만물의 변화에 대한 이해에 놓여 있음을 알 수 있다.

1. 이기의 근원을 찾음

태허는 맑으면서 형체가 없으니 이를 선천(모든 만물이 생겨나는 근원으로서 지금 우리가 사는 현실 세계를 후천이라 하고 그 이전 단계를 선천이라 한다. 조선 후기 동학, 증산 등에서 지금까지의 세계와 다른 새 세상을 연다고 할 때 후천 개벽이라고 한 것도 그런 의미에서 비롯됨)이라고 한다.

그 크기는 무한하며 시간적으로는 처음부터 있었으니 어디서 온 것인지 알 수가 없다. 맑으면서 빈 듯하며 고요한 것이 기의 근원이다. 밖이 없을 정도로 먼 곳까지 두루 퍼져 있어서 모든 공간을 꽉 채우고 있기 때문에, 조금의 빈틈도 없으며 터럭 하나 들어갈 공간도 없다. 손바닥으로 떠 봐도 아무것도 없고 잡아 봐도 잡히는 것이 없지만 오히려 가득 차 있어서 아무것도 없다고 말할 수가 없다. 이 상태는 들을 수 있는 소리도 없고 맡을 수 있는 냄새도 없으니 많은 성인들도 아무런 설명을 하지 못했고 주돈이나 장재도 끌어내서 말하지 못했으며, 소옹 또한 한 글자도 쓰지 못한 경지다.

선현들이 남긴 말들을 주워 모아 근원을 거슬러 올라가면 《주역》에 "고요해서 움직이지 않는다."라고 한 말과 《중용》에서 "정성된 자는 스스로 이룬다."라고 한 말이 그것이다. 그 맑은 모습을 가리켜 일기(一氣)라고 하고 그 두루 뒤섞인 것을 가리켜 태일(太一)이라고 하는 것이니, 주돈이도 이 경지에 대해서는 표현할 길이 없어서 다만 "무극이면서 태극이다."라고 말했을 뿐이다.

이것이 선천이니 기이하지 아니한가? 기이하고 기이하도다. 묘하지 아니한가? 묘하고 묘하도다. 갑자기 뛰어오르기도 하고 갑자기 열리기도 하는 것 모두 누가 그렇게 시키는 것일까? 스스로 능히 그럴 뿐이고 또한 어쩔 수 없어서 그럴 뿐이니 이것을 '리(理)가 드러난 때'라고 한다. 《주역》에서 "밖의 사물과 느끼어 드디어 통한다."라고 하고, 《중용》에서 "도(道)는 스스로 도(道)다."라고 했으며, 주돈이가 "태극이 움직여 양(陽)을 낳는다."라고 한 것이 이것이다.

움직임과 멈춤, 닫힘과 열림이 없을 수가 없는데 그 까닭은 무엇인가? 우주의 기틀이 스스로 그러할 뿐이다. 이미 일기(一氣)라고 했지만 하나는 저절로 둘을 품고 있으며, 이미 태일(太一)이라고 했지만 하나는 곧 둘을 담고 있다. 하나가 어쩔 수 없이 둘을 만들어내고 둘이 스스로 서로를 만들어내기도 하고 극복하기도 하니, 만들어냄이 곧 극복하는 것이고 극복하는 것이 곧 만들어내는 것이다. 기가 은미하게 드러나는 것에서부터 엄청난 힘으로 움직이는 데까지 그 둘이 서로 만들어내고 극복하는 데서 나온다. (여기서 '서로 만들어내고 극복한다.'라는 말은 생극(生克)을 풀어쓴 말이다. 음양오행설에 의하면 오행은 서로 낳고 서로 극복한다. 나무는 불을 낳고, 불은 흙을 낳고, 흙은 쇠를 낳고, 쇠는 물을 낳고, 물은 나무를 낳는다. 그리고 나무는 흙을 극복하고, 흙은 물을 극복하고, 물은 불을 극복하고, 불은 쇠를 극복하고, 쇠는 나무를 극복한다. 이렇게 하여 만물이 생겨나고 없어지고 하는 것임)

'하나가 둘을 만들어낸다.'라고 할 때 둘은 무엇을 가리키는가? 음과 양이고, 움직임과 멈춤이며, 물과 불이다. 그렇다면 '하나'는 무엇을 말함인가? 음과 양의 시작이며, 물과 불의 본체이고, 맑아서 하나 된 것이다.

일기(一氣)가 나뉘면 음과 양이 되는데, 양의 떨림이 극에 이르러 하늘이 되고 음의 쌓임이 극에 이르러 땅이 되었다. 양의 떨림이 극에 이르러 그 정수(精髓)가 모인 것이 해이고, 음의 쌓임이 극에 이르러 그 정수가 모인 것이 달이다. 나머지 정수들이 흩어져 별이 되었으며, 땅에서는 물과 불이 되었으니 이것을 가리켜 후천(後天)이라고 한다. 이것이 곧 현상 세계다.

하늘은 그 기를 운용함에 한결같이 움직임을 주로 삼아서 끊임없이 돌고 있고, 땅은 만물의 형상을 만들어낼 때 한결같이 멈춤을 주로 삼아서 하늘과 땅 사이에 꿈쩍하지 않고 있다. 기(氣)가 가진 성질은 움직임이어서 위로 뛰어 올라가지만 형상의 성질은 무거움이어서 아래로 떨어져 내려간다. 기는 물체의 형상 바깥까지 싸고 있으므로 물체의 형상은 기 가운데 있다. 위로 올라가려는 힘과 아래로 내려가려는 힘이 균형을 이루면 멈추게 된다.

그렇기 때문에 태허(太虛) 가운데 매달려 있으면서 올라가지도 내려가지도 않으며, 왼쪽·오른쪽으로 돌면서도 옛날부터 지금까지 떨어지지 않고 있는 것이다. 소옹이 "하늘은 형상에 의지하고 땅은 기에 붙어 있기 때문에 스스로 서로 의지하며 붙어 있다."라고 한 것이 이것이다. 서로 의지하고 서로 붙어 있는 기틀이 묘하지 아니한가? (바람을 타고 나는 무리들이 깃털에 몸을 싣고 다니는 것도 모두 이러한 이치임)

서경덕 선생은 또 다음과 같이 말했다.

"빈 듯한 것이 기의 연못이다."

"하나는 수가 아니라 수의 본체다."

"리(理)의 본질은 빈 것이고, 기의 본질은 거침이니, 둘을 합치면 묘하고 묘하다."

"《주역》에 이르기를 '서두르지 않아도 빠르고 가지 않아도 이르게 된다.'라고 했다. 기는 없는 곳이 없으니 무엇 때문에 서두르겠는가? 기는 이르지 않는 곳이 없으니 무엇 때문에 가려고 하겠는가? 기의 맑고 형체 없는 오묘한 상태를 신(神)이라고 한다. 이미 기(氣)라고 하면 거친 것과 관련되어 흔적이 있게 되지만 신(神)은 거친 흔적에 매이지 않으므로 어찌 장소가 있으며 어찌 헤아릴 것이 있겠는가?

그렇게 되는 까닭을 이치라고 하고, 그렇게 오묘한 까닭을 신(神)이라 하며, 그처럼 저절로 그러해서 참으로 실한 것을 정성이라 하고, 그처럼 약동하면서 만물에 두루 흐르는 것을 도(道)라고 하며, 다 합쳐서 갖추지 않은 것이 없음을 태극(太極)이라 한다. 움직임과 멈춤이 서로 번갈아 들지 않을 수 없고 현상 세계의 기틀이 스스로 그러할 뿐이니 '한 번은 음이었다가 한 번은 양이었다가 하는 것을 도(道)라고 한다.'라는 말이 이것이다."

"정호와 장재가 '하늘은 크기 때문에 무한하다.'라고 했는데, 이 말은 태허가 무한하다는 뜻이다. 태허가 '하나'임을 안다면 나머지가 모두 '하나' 아님을 알 것이다. 소옹은 '어떤 사람은 하늘과 땅 밖에 다른 세상 만물이 있어 이 세상 만물과는 다르다고 하지만 나는 정말 그러한지 알지 못하겠다. 나만 그러한 것을 모르는 것이 아니라 성인 또한 그런지를 알지 못할 것이다.'라고 했다. 소옹의 이 말은 마땅히 깊이 생각해 봐야 한다.

불교에서 말하기를 '공(空)은 큰 깨달음 가운데서 생기는데 바다에서 거품이 한 덩어리 일어나는 것과 같다.'라고 했다. 또 '참된 공(空)과 함께 공이 실제로 존재한다고 생각하여 집착하는 '완고한 공(頑空)'을 말했으니, 이는 하늘이 커서 무한한 존재임을 알지 못한 것이며 빈 듯한 것이 곧 기라는 사실을 알지 못한 것이다. 공(空)을 가지고 참이니 완고한 것이니 하는 말은 리와 기가 리와 기가 된 까닭을 알지 못하는 것이니 어찌 본성을 안다고 하겠으며, 어찌 도를 안다고 하겠는가?"

✤ 이 글의 앞부분은 서경덕이 기술한 것이고 뒷부분은 제자들이 《화담집》을 편집하면서 보완해 넣은 부분이다. 이런 구조는 다음 글에서도 나오는데 당시 제자들이 보기에 내용이 심오해 후대인이 이해하지 못할까 우려해서 추가했던 것으로 보인다.

태허는 모든 만물이 생겨나는 근원으로서 선천이라고 부른다. 선천은 후천에 대한 상대적인 표현인데, 후천이 우리가 사는 경험 세계라면 선천은 그러한 경험 세계를 있게 만든 근원 세계를 뜻한다.

선천으로서의 태허는 근원자이기 때문에 시간과 공간을 초월해 존재하는데 그 안을 한 치의 빈틈도 없이 가득 채우고 있는 것이 기이다. 하지만 기는 감각할 수 없는 것이어서 볼 수도 없고 잡을 수도 없으며 냄새를 맡을 수도 없다.

그 기는 모든 만물을 만들어내는 근원 존재이면서 구체적인 모든 만물 속에 들어 있는 존재다. 그리고 기가 모이면 사물이 나오고 흩어지면 사물이 없어진다. 따라서 이 같은 기의 변화가 곧 만물의 변화다.

그런데 그러한 변화의 원인은 밖에 있는 것이 아니라 기 자체에 들어 있다. 세상의 변화를 보면 꽃이 피고 바람 불고 눈 내리고 비 오는 자연 현상의 변화도 있고, 인간 내면의 심리적이고 정신적인 변화도 있다. 하지만 정신적이든 물질적이든 세상 모든 변화는 세상 밖에서 신 같은 존재가 그 변화를 일으키는 것이 아니라 만물을 이루고 있는 기가 스스로 그런 변화를 일으키는 것이다.

서경덕은 이 같은 기의 변화에 대해 기 스스로 그렇게 작용하는 것이며 동시에 그럴 수밖에 없어서 그런 변화가 생기는 것이라고 했다. 이러한 이해는 기의 변화를 주체적으로 본 동시에 필연적으로 본 것임을 알 수 있다. 서경덕은 이러한 변화의 틀을 '기자이(機自爾)'라는 말로 표현했다.

'기자이'란 기틀이 스스로 그렇게 될 뿐이라는 뜻이다. 그러니까 꽃 필 때 되면 꽃이 피고 바람 불 때가 되면 바람 불며, 배고플 때가 되면 배가 고파 오는 그런 계기의 변화를 뜻한다.

2. 리와 기는 무엇인가

밖이 없는 것을 태허(太虛)라 하고 시작이 없는 것을 기(氣)라고 하니 텅 빈 것이 곧 기이다. 텅 빈 것은 끝이 없으니 기 또한 끝이 없다. 기의 근원은 그 처음이 '하나'다. 이미 기라고 하면 '하나'는 곧 '둘'을 품고 있으며, 태허도 하나이므로 그 가운데 '둘'을 품고 있다. 이미 '둘'이 되면 열림과 닫힘, 움직임과 멈춤, 만들어냄과 극복함이 없을 수가 없다. 능히 열리기도 하고 닫히기도 하며, 능히 움직이기도 하고 멈추기도 하며, 능히 낳기도 하고 이기기도 하는 까닭의 근원을 밝혀 태극이라고 이름 붙였다. 기 밖에 리(理)가 없으니 리는 기를 주재한다.

'주재한다.'라고 한 말은 어떤 존재가 밖으로부터 와서 통제하고 제어하는 것이 아니라 기가 현상의 변화로 드러날 때 그러한 변화가 모두 정당한 모습으로 나타나게 하는 역할을 가리킨 것이다.

리는 기보다 앞서 있는 것이 아니니 기가 시작이 없기 때문에 리 또한 진실로 시작이 없다. 만일 리가 기보다 앞서 있다고 한다면 곧 기에 시작이 있게 된다. 노자는 "텅 빔이 기를 낳는다."라고 했으니, 이렇게 되면 기에 시작도 있고 한계도 있게 된다.

서경덕 선생은 또 다음과 같이 말했다.

"역(易)은 음양의 변화다. 음양은 두 기이며 한 번 음이 되었다가 한 번 양이 되는 것이 태일(太一)이다. 둘이기 때문에 변화가 일어나고 하나이기 때문에 오묘하지만, 변화를 벗어나 따로 오묘함이 있는 것이 아니다. 음과 양 두 가지 기운이 능히 낳고 또 낳고 변화하고 또 변화하면서 끝없이 이어지는 것이 태극의 오묘함이지만 만약 변화를 벗어나서 오묘함을 말한다면 역(易)을 모르는 것이다."

✥ "밖이 없는 것을 태허라고 하고 시작이 없는 것을 기라고 한다."라는 표현에서 알 수 있듯이 태허와 기가 모두 더 이상의 경계가 없고 시작이 없는 초월적인 존재지만 태허는 공간 개념이고 기는 시간 개념임을 알 수 있다.

그 태허의 공간을 가득 채우고 있는 텅 빈 존재가 바로 기이다. 그 기는 음과 양으로 모습을 드러낸다. 기는 하나지만 음과 양은 둘이며 그 둘이 구체적으로는 열림과 닫힘, 움직임과 멈춤처럼 상대적인 모습으로 나타난다.

본래 성리학자들이 사물의 존재나 도덕 법칙 등을 모두 리와 기를 가지고 설명했기 때문에 우리는 성리학 이론을 이기론이라고도 부른다. 그렇다면 리와 기는 무엇일까? 리(理)가 무엇인지는 중·고등학교 교과목을 보면 알 수 있다. 우리가 배우는 과목 가운데에는 지리, 물리, 윤리 같은 과목이 있다. 이때 '지리'는 땅의 이치고, '물리'는 사물의 이치 또는 법칙이며, '윤리'는 인간의 도덕 법칙이나 원리를 뜻한다. 그러므로 리는 이치, 법칙, 원리 등의 의미를 갖는다.

그렇다면 리는 변하는 것일까 변하지 않는 것일까? 법칙이나 원리라는 말 속에는 이미 변하지 않는다는 뜻이 담겨 있다. 그렇다면 불변의 법칙이나 원리는 선일까, 악일까? 절대는 선이며 불변의 법칙으로 이해된다. 그런 점에서 볼 때 이기론에서의 리는 불변이고 언제나 선이다.

하지만 리와 달리 기는 만물의 변화를 설명하는 개념이다. 변하는 것은 절대적인 것이 아니므로 선일 수도 있지만 악일 수도 있다. 그런 점에서 기는 악의 원인이 될 수도 있다. 이 같은 이기론에 대한 이해를 바탕으로 성리학자들은 리를 높이고 기를 낮추었다. 성리학자들이 기보다 리를 높인 것은 리가 불변의 도덕 원리라고 생각했기 때문이다. 대표적으로 퇴계 이황은 리는 장수이고 귀한 것이며 기는 졸병이고 천한 것이라고 했다. 그렇기 때문에 가장 중요한 것은 기가 아니라 리이며 리는 기보다 앞서 존재한다고 본 것이다.

하지만 서경덕은 그 반대 입장이다. 그는 리가 기보다 앞설 수 없으며, 오히려 기가 있기 때문에 리가 있다고 보았다. 서경덕에게 기는 현상의 모든 변화를 일으키는 원인인 동시에 그 현실 자체였다. 그리고 리는 그러한 변화에 담긴 궤적이나 법칙일 뿐이었다. 따라서 현실의 변화 자체를 중시하는 서경덕의 입장에서는 기가 리보다 더 중요할 수밖에 없었으며 기가 없다면 그 속에 담긴 법칙도 없다고 보았다.

그러므로 다른 성리학자들이 리를 기의 원인으로 본 것과는 달리 서경덕은 기를 리의 원인으로 설정한 것이다. 그런 점에서 서경덕은 기 철학자라고 할 수 있다.

3. 태허란 무엇인가

태허는 빈 듯하면서도 비어 있지 않으니 그 공간을 가득 채우고 있는 것은 빈 것 같은 기이다. '빈 것'은 끝도 없고 무한히 펼쳐져 있으므로 기 또한 끝도 없이 무한히 펼쳐져 있다. 이미 '빈 것'이라고 해 놓고 어째서 기라고 말하는가? 빈 듯하면서 고요한 것이 기의 본모습이고 모였다 흩어졌다 하는 것이 기의 작용이니, '빈 것'이 비어 있지 않은 것임을 안다면 아무것도 없다고 할 수 없다. 노자가 "있음이 없음에서 나온다."라고 한 것은 '빈 것'이 곧 기임을 알지 못했기 때문이다.

노자가 또 "빈 것이 기를 만들어낸다."라고 했는데 이 말은 틀렸다. 만일 '빈 것이 기를 만들어낸다.'라고 한다면, 바야흐로 아직 아무것도 생기지 않았을 때는 기가 없을 것이기 때문에 '빈 것'은 죽은 물건이 된다.

이미 기가 없다면 또 어디에서 기가 생길 것인가? 기는 시작이 없으니 생겨남도 없다. 이미 시작이 없는데 어떻게 끝이 있겠는가? 이미 생겨남이 없는데 어떻게 없어짐이 있겠는가?

도가에서는 허(虛)와 무(無)를 말하고 불교에서는 적(寂)과 멸(滅)을 말한 것은 리와 기의 근원을 알지 못했기 때문이니, 어찌 도를 깨달을 수 있었겠는가?

✤ 끝없는 우주 공간이 태허이며 그 공간을 가득 채우고 있는 텅 빈 듯한 존재가 곧 기이다. 기의 본모습은 빈 듯하면서 고요한 것이지만 이 기는 어디서 생겨난 것이 아니라 처음부터 그런 모습으로 있었던 존재다. 그리고 시작이 없었기 때문에 끝도 없는 존재이기도 하다.

어떤 사물이든 기가 모여 생겨난 것이고 기가 흩어지면 그 사물도 없어진다. 사물이 없어진다는 것은 그 사물을 이루고 있던 기가 흩어져서 다시 본래 상태인 끝없는 우주 공간, 즉 태허 속으로 들어감을 의미한다.

서경덕은 없는 것처럼 보이지만 우주 공간을 가득 채우고 있다고 본 기 개념을 가지고 불교와 도교를 비판했다.

불교는 공(空)을 주장하고, 노장 철학이나 도교는 허(虛)와 무(無)를 주장했는데, 서경덕은 이러한 주장이 빈 듯하면서도 기로 가득 차 있는 실제 세계를 모르기 때문이라고 본 것이다. 불교에서는 모든 것이 실체가 있는 것이 아니므로 집착하지 말라고 하면서 실체가 없다는 뜻에서 공(空)을 강조한다. 그리고 노장 철학에서는 밥그릇이나 방이 그 안에 있는 텅 빈 공간 때문에 의미가 있는 것처럼 허(虛)와 무(無)를 만물의 본질이라고 했고 바로 그 무(無)에서 유(有)가 나온다고 주장했다.

하지만 서경덕은 아무것도 없는 것처럼 보이는 빈 공간을 가득 채우고 있는 것이 기이므로 불교가 말하는 공(空), 노자와 장자가 말하는 허(虛)와 무(無)는 잘못된 생각이라고 비판한 것이다.

4. 귀신과 삶과 죽음은 무엇인가?

정이, 장재, 주희의 주장에 죽음과 삶, 그리고 귀신이 무엇인지에 대한 설명이 아주 잘 갖추어져 있다. 하지만 왜 그렇게 되는지에 대해서는 충분히 설명하지 못하고 있기 때문에 문제를 끌어내기는 했지만 설명을 제대로 펼치지는 못한 채 배우는 사람들로 하여금 스스로 깨닫도록 하고 있다.

이것이 뒤에 오는 학자들이 하나는 얻어도 둘은 얻지 못하는 까닭이며, 껍데기는 전해 받았으되 충분히 완전한 것을 보지 못하게 된 까닭이다.

내가 세 선생의 감추어진 속뜻을 가져다 한데 합쳤으니 예로부터 이어 온 의문을 깨뜨리기에 충분할 것이다. 정이는 "죽음과 삶, 사람과 귀신은 하나면서 둘이고 둘이면서 하나다."라고 했으니, 이 말이면 설명이 충분하다. 나 또한 죽음과 삶, 사람과 귀신은 기가 모였다 흩어졌다 하는 것일 뿐이라고 말하고 싶다. 모였다 흩어졌다 하는 것은 있으되 어떤 것은 기가 있고 어떤 것은 기가 없다고 할 수 없는 것은, 기의 본모습이 그러하기 때문이다.

기는 맑고 빈 듯하면서도 한없는 허공을 꽉 채우고 있어서 크게 모인 것은 하늘과 땅이 되고 작게 모인 것은 만물이 된다. 모였다 흩어졌다 하는 형세에는 잘 드러나지 않는 것도 있고 잘 드러나는 것도 있으며, 오랫동안 그 모습을 지키고 있는 것도 있고 빨리 변하는 것도 있다. 크게 모였다 흩어지기도 하고 작게 모였다 흩어지기도 하지만 크고 작은 차이는 있으되, 한 포기 풀과 한 그루 나무라고 할지라도 그 물체를 이룬 기는 끝내 흩어지지 않는다. 하물며 사람의 정신과 지각처럼 크게 모이고 오래도록 모습을 유지하는 것이야말로 말할 것이 있겠는가.

몸체와 넋이 흩어지면 없어진 것처럼 보이지만 이 부분은 따져 보지 않을 수 없는 지점이다. 비록 세 선생의 제자들이라 하더라도 그 궁극의 깨달음에 이르지 못하고 가르침의 찌꺼기만 주워다 끼워 맞춰서 자신들의 주장을 만들었을 뿐이다.

기가 맑고 빈 듯한 상태는 태허가 움직여서 양을 만들어내고 움직임을 멈추어서 음을 만들어내는 그 처음에 근원을 두고 있다. 기가 점점 모여서 넓고 두터운 데 이르면 하늘과 땅이 되고 사람이 된다. 그리고 사람을 이룬 기가 흩어지면 몸체와 넋이 흩어질 뿐 맑고 빈 듯한 기가 모였던 것은 끝내 흩어지지 않으니 태허의 맑은 공간 속으로 흩어져 들어가서 근원의 기와 같아질 뿐이다.

그리고 지각 능력이 모였다 흩어졌다 하는 데에는 다만 그 존재가 오래 가느냐 빨리 없어지느냐의 차이가 있을 뿐이다. 비록 빨리 흩어지는 것으로는 하루나 한 달 걸리는 것도 있는데 이런 것들은 사물 가운데 보잘것없는 것들이지만 그러한 사물의 기 또한 끝내 없어지지 않는다.

왜 그런 것일까? 맑으면서 빈 듯한 기는 이미 시작이 없으려니와 또 그 끝도 없기 때문이다. 이러한 이치는 기가 극히 묘한 존재이기 때문이다. 배우는 사람이 참답게 공부를 해서 이러한 경지에까지 이른다면 비로소 예전 성인들이 다 전해 주지 못한 은미한 뜻을 깨닫게 될 것이다.

비록 한 조각 향내 나는 촛불의 기가 눈앞에서 흩어지는 것을 보았다 해도 그 기는 끝내 흩어지지 않는 것이니 어찌 기가 무로 돌아가 없어진다고 말할 수 있겠는가?

전에 나는 박광우 선생과 이 문제에 대해 토론한 적이 있었다. 박 선생은 이해력이 좋은 사람이었는데 그 뒤 충분하게 노력해서 높은 경지에 이르렀는지는 알지 못하겠다. 나만의 견해를 거칠게 적어서 박이정과 허태휘, 그리고 내 집에 놀러 온 여러 사람들에게 보여 주었다. 이 이론은 비록 문장이 시원치 않지만 예전 성인들이 다 전하지 못한 경지를 보여 준 것이다. 도중에 잃어버리지 않게 잘 보존해서 뒤에 배우는 사람들에게 전하여 온 세상에 두루 편다면 동방에 학자가 나왔음을 알게 될 것이다.

또 다음과 같이 말씀하셨다. "귀신의 조화는 신비스러운 《주역》에 드러난 음양의 극치다. 뒤에 배우는 사람들이 〈계사전〉(《주역》의 본문을 설명하는 10편의 글 가운데 하나)과 주돈이, 정이, 장재, 주희의 학설에서 많은 것을 얻었지만 중요한 것은 끊임없이 공부하고 크게 힘쓴 뒤에라야 깨달음이 있다는 사실이다.

일찍이 〈계사전〉에 담긴 은미한 뜻을 밝혀내기 위해 정이와 정호, 그리고 주희 등이 모두 자신들의 힘을 다했다. 그러나 설명이 간략했기 때문에 뒤에 배우는 사람들이 그 방법을 찾을 길이 없어서 대부분 찌꺼기만 얻고 그 속에 감추어진 알맹이를 보지 못했다.

나는 보잘것없는 소견을 덧붙여 뒤에 배우는 사람들로 하여금 흐름을 따라 그 근원을 찾을 수 있도록 내 힘이 다할 때까지 글을 쓰려 했지만 뜻을 이루지 못했으니 진실로 한이 된다. 하지만 반드시 한이 될 것만은 아니라고 본다. 각주를 단 것에 다시 각주를 덧붙이면 뒤에 올 학자들이 그 번잡함 때문에 괴로워서 생각을 다하지 못하게 될 것이 아니겠는가?"

을사 년 윤 정월 초닷새 날 밤 촛불을 밝히고 쓴다.

(위의 글은 모두 서경덕 선생이 병이 깊이 들었을 때 쓴 것임)

✤ 서경덕은 귀·신·삶·죽음이 모두 기가 모였다 흩어졌다 하는 과정일 뿐이라고 보았다. 그러니까 귀·신·삶·죽음이 형태만 다를 뿐 모두 변화의 과정이라는 점에서는 같다.

모였다 흩어졌다 하는 모습으로 나타나는 변화 과정은 크게는 하늘과 땅 같은 존재부터 작게는 개미나 하루살이에 이르기까지 다양한 모습으로 나타난다. 또한 귀(鬼)나 신(神)처럼 은미해서 잘 드러나지 않는 것도 있지만, 반대로 산이나 강처럼 그 모습이 분명한 것도 있다. 하지만 어떠한 경우도 기가 모였다 흩어졌다 하는 변화 과정을 벗어나지는 못한다.

성리학자들은 본래 귀신도 합리적으로 이해했다. 귀신은 우리가 영화에서 보듯이 머리 풀어헤치고 히히 웃는 무서운 존재가 아니라 음과 양의 변화일 뿐이었다. 그 변화 가운데 어떤 일의 결과가 음일지 양일지, 즉 이런 모습으로 나타날지 아니면 저런 모습으로 나타날지 알 수 없는 것을 신(神)이라고 보았으며, 또한 신이 정신적이며 관념적인 것이라면 귀(鬼)는 물질적인 것을 가리킬 뿐이었다.

그리고 기가 모였다 흩어졌다 할 때에 어떤 사물이 없어지면서 그 사물을 이루고 있던 기가 흩어져도 그 흩어진 기가 없어지는 것이라고 보지 않았다. 흩어져서 본래 상태의 모습인 태허 속으로 들어갔다가 나중에 또 다른 사물의 모습으로 바뀌는 것일 뿐이다.

예를 들어 촛불의 경우를 보자. 초에 불을 붙이면 심지가 타들어가면서 초도 작아진다. 이는 심지의 기와 초의 기가 불의 기로 바뀌는 것이다. 그런데 그 초를 훅 불어서 끄면 연기와 함께 냄새가 난다. 이것은 불의 기가 다시 연기와 냄새의 기로 바뀐 것이다. 그리고 그 연기와 냄새는 얼마 안 가 점점 엷어져서 마침내 없어지는 것처럼 보인다. 하지만 서경덕은 그 연기와 냄새가 없어진 것이 아니라 무한한 우주 공간을 이루는 태허 속으로 스며들어간 것이라고 보았다. 이런 생각은 마치 질량 불변의 법칙을 연상시킨다.

서경덕은 자신이 쓴 이 글이 비록 문장은 거칠고 간략하지만 예전 성인들도 다 전하지 못한 경지를 깨달은 것이라고 하면서 자신의 이 주장을 후대 사람들에게 잘 전해서 동방에도 학자가 나왔음을 알게 하라고 했다. 이 글은 그만큼 서경덕 자신의 학문적 자부심이 느껴지는 글이며, 아울러 서경덕 사상의 참모습이 곧 기가 모였다 흩어졌다 하는 것으로 만물의 변화를 설명하려는 데 있음을 알 수 있게 해 준다.

5. 복괘에서 하늘과 땅의 마음을 본다

옛 성현들은 모두 일찍이 동지에 뜻을 두었다. 요임금은 1년의 날수와 그 나머지에 대해 말했고, 공자는 하늘과 땅의 마음을 설명했으며, 정호와 소옹도 모두 각각의 주장이 있었다. 뒤에 배우는 사람들이 반드시 동지에 대한 공부에 크게 힘쓴다면 얻는 것이 매우 넓을 것이니 한 가지 사물을 연구하거나 한 가지 앎을 깨닫는 것에 비할 바가 아니다.

한 가지 사물에 대해 충분히 연구하는 것에서도 지극한 이치를 얻을 수는 있겠지만 동지에 대해 생각해 본다면 그 안에 담긴 것이 훨

씬 넓고 크다. 동지는 하늘과 땅이 처음 돌기 시작하고 음과 양이 처음으로 바뀌는 날이다. 그래서 '복'괘에서 하늘과 땅의 마음을 본다고 한 것이다.

옛 선비들은 모두 고요함을 가지고 하늘과 땅의 마음을 설명했지만 정호는 홀로 움직임의 시작이 곧 하늘과 땅의 마음이라고 했고, 소옹은 움직임과 멈춤의 중간을 하늘과 땅의 마음이라고 설명했다. 정호와 소옹의 주장이 다른 것 같지만 출발에서는 다른 의견이 아니니 모두 한 번 움직이고 한 번 멈추는 것과 음양을 아울러 취해서 말한 것으로 소옹은 태극의 본체를 가리킨 듯하고 정호는 태극의 작용을 말한 듯하다.

근본으로 돌아가서 다시 멈추는 것이 곤(坤, 땅을 뜻하는 것으로서 음을 상징함)의 때이니 양의 기운이 펼쳐져 움직이는 것이 '복'의 계기다 ('복'은 《주역》 64괘 가운데 하나로 어둠이 끝나고 밝음이 시작되는 계기, 또는 하나의 흐름이 끝나고 새로운 흐름이 시작되는 계기를 상징함). 있음과 없음의 극치를 여기에 비길 수 있으니 선천과 후천에 대한 설명도 이를 통해 알 수 있다.

《주역》에서 "소리도 없고 움직임도 없지만 만물에 감응하여 마침내 통한다."라고 한 말이 이것을 가리키고, 《중용》에서 "정성됨은 스스로 이루는 것이요, 도(道)는 스스로 행해야 할 것이다."라는 말 또한 그러하며, 《맹자》에서 "반드시 호연지기를 기르는 일에 힘쓰되 효과를 미리 기대하지 말 것이며 마음으로 잊지도 말고 억지로 조장하지도 말라."라고 한 말 또한 여기에서 그 의미를 체득하게 된다.

이제 막 하늘과 땅이 물로 씻은 듯이 맑고 제사 때 술 대신 쓰던 물의 맛이 담담하며, 정말 큰 소리는 소리가 없듯이 아득하여 텅 빈 듯 고요하고 아무런 일도 없는 것 같았을 때, 양(陽)이 하나뿐인 복(復)이 갑자기 뛰어올라 그 스스로도 자신을 어쩌지 못하는 오묘함 속에서 하늘과 땅의 마음을 볼 수 있을 것이다.

달라지거나 바뀜이 없다는 것은 무슨 뜻인가? 하늘이 한 바퀴 도는 주기가 365와 1/4도이며 한 해의 날 수 또한 365와 1/4일이다. 동짓날 물시계로 살피고 해시계로 재어 보면 하늘 운행의 도수와 한 해 변화의 날 수가 본래 숫자에 맞아 들어가서 그대로 부합하여 터럭만큼도 더하거나 덜함이 없음이 예로부터 지금까지 늘 이와 같다. 따라서 그 마음이 달라지거나 바뀌지 않는다는 것을 알 수 있다.

하늘과 땅이 일상 속에서 지나치거나 모자람이 없는 상태로 지극히 선하고 지극히 믿을 수 있는 덕을 지녔음을 이를 통해 알 수 있으며, 《주역》이 신묘해서 방위와 형체가 모두 없음을 여기에서 볼 수 있다.

하지 때에는 해가 남쪽으로 돌아가서 봄기운이 북쪽 땅까지 비추고 동지가 되면 양의 기운이 가장 낮은 곳까지 불어가서 기가 황궁(黃宮, 황종궁)에 대응하게 되니 방위가 없다고 말하지 않겠는가? 밤낮으로 도수가 바뀌고 추위와 더위가 서로 자리를 바꾸어서 잠시도 멈추는 때가 없으니 형체가 없다고 말하지 않겠는가?

'한 번 음이 되었다가 한 번 양이 되었다가 하는 것을 도(道)라고 하고, 계속 이어가는 것을 선(善)이라고 한다.'라고 했으니, 이 말은 동짓날의 이치를 잘 말한 것이다. 한 번 음이 되었다가 한 번 양이 되었다가 하는 것과 한 번 움직였다가 한 번 멈추었다가 하는 것은 본래 두 가지 일이 아니라 우주 자연의 한 가지 일일 뿐이다. 음과 양은 같은 작용이며 움직임과 멈춤은 같은 기틀이니 이것이 만물의 변화가 끝없이 돌면서 멈추지 않는 까닭이다.

어떤 사람이 물었다.

"지극히 알맞고 지극히 선하며 지극히 믿음직스러운 덕(德)은 동짓날에 대해서만 말할 수 있고 다른 날에 대해서는 말할 수 없는 것입니까?"

서경덕 선생은 이렇게 대답했다.

"한때라도 그렇지 않은 적이 없었고 어떤 사물도 이런 법칙을 갖추지 않은 것이 없었다. 또한 360일의 움직임과 24절기의 나눔이 동짓날의 변화로 이루어지지 않은 것이 없으니 이른 바 '때에 알맞다'라고 하는 것이다.

하지만 동짓날에 비할 수는 없으니 (동짓날의 이치는) 하늘과 땅이 다시 시작하는 것이나 음과 양이 어우러지는 것, 움직임과 멈춤이 만나는 것, 별자리의 궤도와 뭍과 들의 나눔이 모두 다시 제자리를 얻어

완전하게 가지런해지는 것이다. 동지는 모든 변화가 시작되는 곳이
며 만물의 다른 모습이 나오는 근본이니, 이것이 음과 양으로 갈라지
는 꼭대기며 모든 것을 하나로 꿰뚫을 수 있는 것이다.

　내 몸을 돌이켜 보면 인의예지의 본성과 충서(忠恕)의 도가 동짓날에
담긴 이치 아님이 없으니, 움직임과 멈춤이 교차하는 잠깐의 사이나
눈 깜짝거리거나 숨 한 번 쉬는 사이의 미세함에도 모두 담겨 있다.”

✤ 서경덕에게는 화담이라는 호도 있지만 복재(復齋)라는 호도 있
다. ‘복재’의 ‘재’는 집이란 뜻으로 별다른 의미가 없지만 중요한 뜻
은 ‘복’에 있다. ‘복’은 《주역》의 복괘에서 가져왔다. 복괘는 《주역》
64개의 괘 가운데 곤괘(☷)와 진괘(☳)가 겹쳐서 만들어진 괘로서 그
모습은 ䷗이다. 이 괘의 모습에서 양효(《주역》의 괘는 8괘나 64괘 모두 여
러 개의 줄을 겹쳐서 그린다. 그때 줄 하나를 가리켜 효라고 하며 구체적으로는 음
과 양을 나누어 음효 또는 양효라고 부름)인 ‘—’이 밝음을 뜻하고 음효인
‘--’이 어둠을 뜻하기 때문에 복괘는 전체적으로 가득 쌓인 어둠을
뚫고 막 밝음이 시작되는 것을 뜻한다. 그러므로 ‘복’은 하루의 변
화에서는 동트는 새벽에 해당하고, 1년의 변화에서는 내내 밤이 길
었다가 막 양, 즉 낮이 길어지기 시작하는 동지에 해당한다.

　서경덕처럼 변화를 중시하는 입장에 서면 끝없이 이어지는 변화
가운데 달라지는 모습이 뚜렷하게 드러나는 시점으로 하루에서는

새벽의 해돋이를, 그리고 1년에서는 음에서 양으로 주도권이 바뀌는 동지를 주목하게 된다. 그런 점에서 공자를 비롯한 옛 성인이나 뛰어난 학자들도 모두 동지를 중시했던 것이다.

서경덕은 이 글의 제목을 '복괘에서 하늘과 땅의 마음을 본다'라고 했다. 그 뜻은 동지에서 우주 만물 변화의 핵심을 본다는 뜻이다.

전통 시대 학자들은 동지를 기점으로 그 이전은 지나간 세상이고 그 이후는 새로운 세상이라고 생각했다. 그래서 동지 이전을 선천이라고 하고 이후를 후천이라고 했다.

하지만 이러한 변화는 아주 오랜 옛날부터 지금까지 변함없이 계속되어 왔다. 1년의 날 수가 매년 365일과 1/4일로 이어져 온 것이 좋은 예다. 이러한 변화를 큰 틀에서 보면 우리가 숨을 쉴 때 한 번 들이마셨다가 한 번 내뿜는 일을 반복하듯이 한 번 음이었다가 한 번 양이었다가 하는 변화의 반복으로 나타난다.

성리학자들은 이처럼 끊임없이 변화하는 속에 변하지 않는 틀이 존재하는 자연의 모습 속에서 불변의 도덕 법칙을 찾으려 했던 것이다.

6. 온천에 대해 말한다

하늘은 양의 기운을 주로 삼고 땅은 음의 기운을 주로 삼으니, 불은 뜨겁고 물은 찬 것이 그 본성이다. 불 가운데 차가운 불이 있다는 말은 못 들어 보았는데 샘물 가운데 뜨거운 물이 있는 까닭은 무엇 때문인가?

소옹은 "하나의 기가 나뉘어져 음과 양이 되는데, 음양이 반씩 어우러져 형질이 갖추어지며 음양이 어느 한쪽으로 치우쳐져서 성정(性情)이 나뉜다."라고 했다. 이런 원리를 안다면 샘물이 뜨거운 것도 이상할 것이 없다.

하늘에는 음이 없는 때가 없으며 땅에도 양이 없는 때가 없으니, 물과 불도 그 안에 음과 양의 성질이 서로 감추어져 있다. 따라서 하늘에 있는 양의 기운은 땅 가운데 빈 듯한 곳을 꿰뚫고 있기 때문에 땅이 양의 기운을 받지 않을 수가 없다. 그렇기 때문에 '하늘은 하나이면서 실하고 땅은 둘이면서 빈 듯하다.'라고 하는 것이다. 양의 기운이 땅속에 모여 있다가 어쩌다 그 기운이 한곳으로 몰려들어 쌓여서 들끓다가 물줄기가 그 열기로 덥혀져 뜨거워지면 감괘(☵)의 가운데가 실한 것처럼(─, 양효) 그 양의 기운이 물 가운데 숨어들게 되는 것이다.

물은 하늘의 수 1에서 생겨나고 땅의 수 6에서 이루어진다. 흙은 하늘의 수 5에서 생겨나고 땅의 수 10에서 이루어진다. 홀수는 양의 기운이기 때문에 물과 흙은 양의 기운이 없을 수 없다. 하물며 해가 땅의 아래위로 드나드는 상황에서 땅에 양의 기운이 없을 수 있겠는가? (전통 지식인들은 우주를 달걀처럼 이해했으며 이러한 이해를 혼천설이라고 한다. 혼천설에 따르면 땅은 네모난 모양으로 사방이 물인 가운데 계란 노른자처럼 떠 있고, 하늘에 있는 해와 달과 별은 기가 받쳐 주기 때문에 둥둥 떠다닌다. 그리고 이 모두를 달걀 껍질 같은 막이 둘러싸고 있다. 하루의 움직임에서 본다면 해는 달걀의 둥근 표면을 따라 땅 아래 물속으로 내려갔다가 다시 돌아 땅 위로 올라온다고 생각함) 양의 기운이 뒤섞이는 상태는 처음부터 안팎이 없기 때문에 아무런 구분 없이 하나가 되니 어찌 땅이 그 열기로 덮혀지다가 그 열기가 한데 모이는 경우가 없겠는가? 샘이 여기에 스며들면 어떤 물줄기는 끓어오르지 않을 수 없게 되니 물만 그런 것이 아니라 모든 사물의 기는 흩어지면 차가워지고 모이면 뜨거워진다. 그러므로 풀도 쌓이면 열이 나고 거름도 쌓이면 저절로 불이 붙기도 한다. 기가 모여 흩어지지 못하면 그렇게 되는 것이다.

어떤 사물도 양의 기운이 없는 것은 없으니 물 가운데 불이 있고 돌의 겉에 불꽃이 있으며 유황 섞인 흙은 불과 만나면 폭발하고 석회는 물을 만나면 끓는다. 이것들은 모두 음의 기운이 양의 기운을 쫓아간 것이다. 샘도 양의 기운의 영향을 받으면 뜨거워지니 불은 사물과 만나면 그 위세를 멀리까지 떨친다. 그러므로 햇빛이 비치면 물기가 마르는 것이다.

하지만 물은 그 성질상 다른 사물에 영향을 미칠 수가 없으니 비록 불에 가까이 가더라도 조금의 틈만 있다면 불을 꺼뜨릴 수가 없다.

하지만 불기운은 그 성질이 빈 듯해서 스스로 어떤 상태에 머물거나 사물에 붙어 있을 수가 없어서 다 태워버리고 마는 것이니 음의 기운이 제어할 수 있는 것이 아니다. 그렇기 때문에 차가운 불은 없다. 그리고 물은 그 형질이 자못 실해서 적셔져서 이미 모이면 오래도록 흩어지지 않는다. 이미 그런 형질이 있기 때문에 양의 기운이 옮겨 오면 뜨거워진다.

양의 기운은 음의 기운을 겸할 수 있지만 음의 기운은 양의 기운을 겸할 수 없다. 그러므로 양은 온전하고 음은 절반이며, 양은 풍부하고 음은 부족하며, 양은 높고 음은 낮다. 그래서 임금이 신하를 다스리고 남편이 아내를 거느리며 군자가 소인을 부릴 수 있고 중국이 오랑캐들을 복종시킬 수 있는 것이다. 그러니 어찌 양의 기운이 1에서 시작하고 음의 기운이 10에서 끝난다는 것을 알지 않겠는가? 이것이 음양의 분별이니 이치가 반드시 그러한 것이다.

✤ 서경덕의 공부 방법은 젊은 시절부터 남달랐다. 날마다 책상 앞에 사물 이름을 한 가지씩 써 붙여 놓고 그 사물에 대해 깊이 생각했다고 한다. 어떤 날은 바람이라고 써 놓았을 것이고 또 다른 날은 촛불이라고도 써 붙였을 것이다. 아마도 이 글에 나오는 온천도 써 붙였을 것이다. 그리고는 왜 똑같이 땅에서 나오는 물인데 어떤 물은 차고 어떤 물은 따뜻한가를 고민했을 것이다. 이러한 태도는 성

리학자라기보다는 물리학자에 가까워 보인다.

　서경덕은 거칠기는 하지만 온천이 나오는 이유를 음양론을 가지고 합리적으로 설명하려 하고 있다. 크게 보면 하늘은 양이고 땅은 음이며 불은 양이고 물은 음이다. 그래서 불은 뜨겁고 물은 차다. 그런데 온천은 물이면서 불의 성질을 지닌 것이 된다. 그러니 음이면서 양의 성질을 같이 지닌 것이다.

　서경덕은 본래 모든 만물에 음과 양의 두 가지 성질이 다 들어 있다고 보았다. 다만 그 가운데 하나가 중심이어서 다른 한 성질이 잘 드러나지 않는다는 것이다. 그러니까 땅속에도 양의 기운이 감추어져 있는데 어쩌다 그 양의 기운이 한곳으로 몰려서 가까운 데 있는 물을 덥히게 되면 온천이 된다는 것이다.

　서경덕은 기가 모이면 뜨거워지고 흩어지면 차가워지는 예로 풀을 모아서 쌓아 놓으면 열이 나고 거름을 쌓아 놓으면 심지어 불이 붙기도 하는 경우를 든다. 그리고 음과 양이 함께 있는 예로는 유황 섞인 흙이 불과 만나 폭발하는 경우와 석회가 물을 만나 끓는 경우를 든다.

　서경덕은 또 불의 성질과 물의 성질이 지닌 차이를 설명한다. 불은 사물과 만나면 만나는 사물마다 다 태워버릴 정도로 위세를 멀리까지 떨치지만 물은 비록 조금의 틈만 있어도 불을 꺼뜨릴 수 없다.

　또 다른 측면에서 보면 불은 만나는 사물마다 다 태워버리기 때문에 어떤 상태에 머물러 있거나 사물에 붙어 있을 수가 없어서 차가운 불은 존재할 수가 없다. 하지만 물은 어떤 성질이 모이든 오래도록 흩어지지 않기 때문에 양의 기운이 옮겨 오면 뜨거워지므로 뜨거운 물도 가능하게 된다.

하지만 서경덕도 유학자다. 그래서 이 글의 마지막에서는 양의 기운이 음의 기운을 같이 가질 수 있지만 음의 기운은 양의 기운을 겸할 수 없다는 논리를 바탕으로 양은 좋고 음은 나쁘다는 주장을 끌어내고 있다. 또한 이를 사회에 적용하여 임금이 신하를 다스리고 남편이 아내를 거느리며 군자가 소인을 부릴 수 있고 중국이 오랑캐들을 복종시킬 수 있다는 주장을 하고 있다. 이러한 생각은 자연법칙을 가치문제로 바꾸어 인간과 사회의 법칙에 적용한 논리적 비약이라 할 수 있다.

제3편

서(序)

제**3**편 서(序)

서(序)는 한문 문체 가운데 하나로서 서문(序文) 또는 서(敍)라고도 하는데, 일의 이치를 실타래처럼 정연하게 쓴 글이다. 예를 들어 책을 쓸 때 맨 앞에 그 책이 만들어지게 된 까닭과 과정을 자세히 써 놓은 것을 서문이라고 부르는 것과 같다. 비교적 길고 자세한 것이 특징이다.

또한 서(序)는 여기에 실린 〈심의(沈義) 교수를 보내며〉처럼 친한 사람을 떠나보낼 때 그 이별의 아쉬움과 함께 풍자나 교훈의 뜻을 붙여 적은 글도 해당된다. 전통 시대 지식인들은 친척이나 친구 또는 제자들이 먼 길을 떠나게 되면 시나 노래를 지어 이별의 뜻을 나타내는 일이 많았다. 이런 글은 따로 송서(送序) 또는 증서(贈序)라고도 한다. 그 밖에 오래 살라는 뜻을 담은 수서(壽序)도 있고 어떤 건물의 유래나 모임을 소개하는 내용의 글도 있다.

이 글은 개성 향교에서 학생들을 가르치던 심의 교수가 떠날 때 준 글이다. 그동안 애쓴 노고와 성취를 칭송하면서도 《주역》에 나오는 멈춤(止)을 가져다가 이제 그만 모든 것을 잊고 자연의 법칙에 따라 멈춤의 지혜를 가지라고 권하는 내용이다.

서경덕은 본래 성리학자라기보다는 자연의 변화에 주목한 물리학자에 가깝다. 그래서 그의 글 속에서 도덕적인 논의를 보는 일이 쉽지 않다. 하지만 이 글에서는 유교 도덕의 실천 행위에 대한 그의 생각을 일부나마 엿볼 수 있을 것이다.

1. 심의(沈義) 교수를 보내며

사람을 떠나보내면서 작별의 글을 주는 것은 서로의 친함을 두텁게 하는 길입니다. 돌아보건대 제가 가난하여 주머니에 한 푼도 없으니 청하건대 멈춤(止)에 대한 말 한마디를 드리려 합니다.

대체로 세상 모든 존재와 모든 일은 각기 그 멈출 곳이 있습니다. 하늘은 우리가 아는 것처럼 위에 머물러 있고 땅은 아래에 머물러 있습니다. 산과 내는 솟아 있거나 흐르고 날짐승과 길짐승은 날거나 땅에 엎드려 있습니다. 우리는 그 모든 것들이 각기 그 멈춰야 할 곳에 한결같이 머물러 있어 흐트러짐이 없다는 것을 알고 있습니다. 사람에게도 그 멈출 바가 없을 수 없으며 멈출 곳 또한 한 가지가 아니니, 마땅히 각각의 일에 멈출 바를 알아서 멈추어야 할 것입니다.

예를 들면 아버지와 아들은 은혜에 멈추어야 하고 임금과 신하는 옳고 그름에 멈추어야 합니다. 이것들이 모두 타고난 본성이며 만물의 법칙이니, 먹고 마시고 옷 입는 일상생활이나 보고 듣고 말하고 움직이는 데에서도 어찌 멈추어야 할 바가 없겠습니까?

미루어 생각해 볼 때 많이 움직이는 사람은 움직이지 않는 상태에 이르게 되고 수고롭게 일하는 사람은 편안한 상태에 이르게 됩니다. 뜨거운 것을 잡으면 얼마 안 가 식어버리고 피곤하면 잠들게 됩니다. 대체로 움직이거나 수고로운 것은 움직임을 그치고 편안해지는 데에 이르지 않을 수 없고, 뜨거운 것이나 피곤한 상태는 차가워지거나 잠드는 상태에 이르지 않을 수 없습니다. 이런 일들을 통해 지혜로운 사람이 아니더라도 멈출 곳이 어디인지를 알게 되는 것입니다.

군자가 배움을 중요하게 여기는 까닭은 배움을 통해 멈출 곳을 알 수 있기 때문입니다. 그런데 배우고서도 멈출 곳을 알지 못한다면 배우지 않은 사람과 무엇이 다르겠습니까?

문학과 예술 또한 같은 배움입니다. 마땅히 엄격하게 과정을 세우고 역량을 다해서 반드시 자신이 기약한 수준에 이르도록 해야 합니다. 그래서 궁구하다 보면 예술을 닦음으로써 둔한 것이 날카로워지고 성과를 거두게 될 것이며, 모든 일을 손에서 놓고 하는 일 없이 물러나 앉아 듣기만 하는 경우는 없음을 보게 될 것이니, 어찌 멈춤이라는 것을 안 우뚝한 경지가 아니겠습니까? 일에는 기율과 법도가 있으니, 시작하고 끝맺는 순서도 없이 함부로 일을 끌고 갈 수는 없는 것입니다.

대관 선생(大觀子, 대관자는 심의 교수의 호)께서 시를 공부한 것을 보면 젊어서 힘껏 노력하고 늙어서도 끊임이 없어서 지은 시들이 아름답고 힘이 있으며 실해서 그 수준이 국풍(國風, 《시경》 첫째 편 이름으로 여러 나라의 민요가 실려 있음)이나 이소(離騷, 초나라의 신하를 지낸 굴원의 대표작으로, 간신들의 모함으로 쫓겨난 자신의 애달픈 마음을 노래한 시)에 가깝습니다. 이제 이미 초벌 원고를 끝내셨다니 부지런하다고 할 수 있겠습니다. 벼슬을 할 때에는 낮은 관직이라고 창피해 하지 않으시고 재능을 다하여 하늘의 뜻에 따랐으며, 늙어서 낭관(종5품 이하의 벼슬을 뜻함, 심의 교수가 개성 학교의 교관이었다면 대체로 종6품에 해당되기 때문에 낭관이라고 한 것임)이 되었지만 끝내 성내는 기색이 없었으니 공손하다고 할 것입니다.

개성에서 가르치는 일을 맡았을 때에는 가르치는 일을 하루도 거른 적이 없고 학생들이 학업을 이룰 수 있도록 애쓰셨습니다. 뒤에 오는 젊은이들을 완전히 탈바꿈시켜 기세를 북돋아 주셨으니 애쓰셨다고 하겠습니다.

내가 보건대 70세의 나이에도 건강하시니 오래 사셨다고 하지 않을 수 없고 벼슬이 하대부의 마지막 자리에 이르렀으니 귀하지 않다고 할 수 없으며, 시를 잘 짓는다고 소문이 났으니 이룬 것이 없다고 할 수 없을 것입니다. 이미 오래 사시고서도 귀하게 되셨으며, 또 가르치는 틈틈이 좋은 문장을 남기셨으니 앞에서 말한 대로 자신이 기약한 분수에 도달한 일이 거의 만족스럽다고 할 수 있겠습니다. 얼마 안 가 더 나이가 들면 선생께서 힘을 쓰기 어렵다는 것을 잘 알고 있습니다. 그러므로 일 없이 노니는 경지에 몸을 머물게 하고 맑고 깨끗한 곳에 몸을 놀리는 것이 그때가 아니겠습니까?

《주역》에서 이르기를 "머물 만한 때면 머물고 갈 만한 때면 간다."라고 했으니, "갈 만한 때면 간다."라는 것은 가는 일을 멈추는 것이고, "머물 만한 때면 머문다."라는 것은 머물러야 할 곳에 멈추는 것입니다.

이미 머물러야 할 곳에 멈추는 경지에 이르렀다면 애써 시를 읊을 필요가 없으며, 벼슬도 반드시 조급해 할 필요가 없고, 몸 또한 억지로 번거롭게 움직일 필요가 없습니다. 생각건대 그 나이에 새처럼 조바삐치며 왔다갔다 하면서 멈추지 않아서야 되겠습니까?

공자는 늙은 뒤로 다시 주공을 꿈에서 보지 못했으니 머물 만한 데에 멈출 줄 안 것입니다. 소옹의 시에 "책을 읽지 않은 지 12년"이라고 했으니 소옹은 책 읽는 일을 멈출 줄 안 것입니다.

또 말하기를 "한가하면서도 맑지 못한 것이 첫 번째 잘못이고, 늙어서 쉬지 않는 것이 두 번째 잘못이다."라고 했으니, 그는 한가할 때에는 마땅히 맑음에 멈춰야 하고, 늙어서는 마땅히 쉼에 멈춰야 한다는 것을 안 것입니다. 한가하면서도 맑지 못하고 늙어서도 쉬지 못한다면 잘못이 아니고 무엇이겠습니까?

우리 선생님께서는 이미 늙고 한가해지셨으니 곧 앉은 채로 모든 것을 잊어버리고 다른 일로 마음을 달리게 하지 않으며 몸과 마음을 모두 놓아버려서 생각도 없고 일도 없는 경지에 멈출 때입니다. 생각도 없고 하는 일도 없다는 것은 불교에서 말하는 적멸(寂滅)이나 노자의 허무(虛無), 열자(列子)가 말한 지극한 생각에 잠김이나 장자의 여섯 가지 기운(흐림·햇빛·바람·비·어둠·밝음)을 부리는 일, 위백양이 불로장생약을 먹는 것과는 다릅니다.

저들은 비록 온 세상의 학문이 자신들의 술법보다 더 높은 것이 없다고 여기지만 그들이 하는 일을 살피면 모두 한 귀퉁이에 멈추어 있음을 면하지 못합니다. 어찌 우리 유학처럼 위대하고 가장 알맞으며 지극히 바르고, 본체와 작용을 다 갖추고 움직임과 멈춤을 하나로 이으며, 드러난 것이나 감추어진 것이 조금의 틈도 없는 도에 비할 수 있겠습니까? 우리가 마땅히 멈추어야 할 것은 유학에 있지 불교나 노장 등에 있지 않습니다.

그렇다면 어떻게 공부를 해야 생각도 없고 잘못도 없는 경지에 멈출 수 있겠습니까? 경건함을 지키고 이치를 물끄러미 보는 것이 방법입니다. 경건함이란 한 가지를 주로 삼고 다른 것으로 옮기지 않는 것을 말합니다. 한 가지 물건을 만나면 그 만난 물건에 멈추고, 한 가지 일을 만나면 그 대응하는 일에 멈추어서 다른 것이 끼어들 틈이 없으면 마음이 한 가지에 몰두할 수 있게 됩니다. 그래서 일이나 물건이 지나가 버리면 곧 마음을 거두어들여서 맑은 거울의 텅 빔처럼 맑게 될 수가 있어야 합니다.

그러나 내가 경건함을 지니는 일이 부족했던 경우를 돌아보면 막 한 가지 일에 몰두했을 때 멈추는 일에만 빠져 버려서 그랬던 것입니다. 그러므로 멈추는 일에만 빠져 버리는 것 또한 잘못입니다. 반드시 경건함을 오랫동안 지녀서 내면의 고요함으로 외면의 움직임을 통제할 수 있게 되어 밖으로는 멈추는 일에만 빠져 버리지 않고 안으로는 멈추는 일에 구애됨이 없어야 생각도 없고 하는 일도 없는 경지에 가까이 갈 수 있게 됩니다.

선생께서는 서재에 대관(大觀)이라는 액자를 붙이셨는데, 그 뜻이 '크게 본다'라고 한다면 아마도 멈출 곳에 멈추는 것보다 더 큰 것은 없을 것입니다. 선생께서는 자못 옛사람들의 풍모를 지니고 계셔서 세상 살아갈 때 바르고 점잖은 말과 행동에 얽매이지 않고 사람 구분 없이 두루 어우러지면서도 모날 정도로 세상 풍속과 다른 행동을 하지는 않으셨습니다. 진실로 멈출 만할 때 멈추어야 할 장소와 때를 알아서 멈춘다면 위용을 갖춘 사람과 나란히 달린다고 해도 늦지 않을 것입니다.

만일 선생께서 성큼성큼 뛰어나가 이백이나 두보의 경지에 오르려 하면서 그 사람들의 문장을 엿보는 못된 버릇을 여전히 가지고 있다면 인간 사회의 애증을 일으키는 일들에 가깝지 않겠습니까? (이 부분은 《장자》〈제물론〉 편에 나오는 문장으로, 원문은 소씨지고금(昭氏之鼓琴)이라고 되어 있다. 이 말의 뜻은 '어떤 것이 이루어진다는 것은 상대적으로 다른 어떤 것이 부서진다.'라는 뜻으로서 인간의 삶에 애증이 생기는 문제를 설명한 것임)

가령 시가 감정을 즐겁게 하는 것은 오직 그 뜻을 잃지 않았을 때일 것입니다. 벼슬에 대해서도 마땅히 의로운 일에 목숨을 바쳐야 편안한 것이어서 죽은 뒤에라야 그만둘 수 있다고 한다면 그 또한 좋습니다.

《주역》을 읽던 참에 간괘에 대한 설명에서 멈출 지(止)자를 얻어 선생이 떠나심에 그 뜻을 넓혀서 선물로 드리고자 합니다.

✦ 이 글은 개성 국립학교 선생으로 와 있다가 임기를 마치고 떠

나는 대관자(大觀子) 심의에게 서경덕이 준 송서(送序)다. 서경덕의 말처럼 가난하여 다른 선물을 줄 길이 없어서 《주역》을 읽다가 떠오른 글자 멈춤(止)에 대한 생각을 선물로 준 것이다.

서경덕은 모든 만물이 다 각기 멈출 곳이 있다고 보았다. 하늘과 땅, 산과 들, 날짐승과 길짐승, 그리고 사람이 모두 각기 멈출 곳이 있다는 것이다. 그 멈출 곳이란 곧 각각의 존재 법칙이자 도덕 법칙을 뜻한다. 그러니까 사물의 사물됨이나 사람의 도리가 모두 멈춤으로 이해된다.

하지만 이 법칙은 곧 자연의 법칙이다. 많이 움직이고 나면 피곤해서 쉴 수밖에 없는 것이나 뜨거웠던 것이 식는 것이 모두 그러하다. 사람다운 사람은 바로 그러한 지혜를 배움을 통해 얻을 수 있다.

이 글에서 서경덕은 비록 자신보다 한참 나이가 많은 사람이지만 심의 교수에게 가르침을 주고 있다. 심의는 학생을 가르치면서도 글을 잘 지었던 모양이고, 비록 낮은 벼슬이지만 나이 70이 넘도록 성실했던 사람으로 보인다. 하지만 서경덕은 그의 좋은 점을 높이 사면서도 "머물 만한 때면 머물고 갈 만한 때면 간다."라고 했던 《주역》의 가르침을 끌어와서 벼슬이든 시 쓰는 일이든 자연의 법칙에 맡기라고 한다.

이러한 경지는 불교나 노장 철학 같은 학문에서 도덕적 수양을 부정하는 것과 달리 자신의 내면에 경건함을 유지하면서 사물을 아무런 욕심 없이 바라볼 수 있는 경지다. 불교는 윤리 도덕을 포함한 모든 것을 집착이라고 보고 부정하는 입장이라면, 노장 철학은 일체 모든 것의 절대화를 부정함으로써 만물을 상대화시켰다. 하지만 유교는 도덕의식이 사유의 기반이다. 다만 일반 성리학자들이 도덕의식을 절대적으로 강조하는 것과 달리 서경덕은 도덕 또한 자연법칙에 맡기라는 입장이다.

그래서 심의 자신의 호인 '대관(大觀)'처럼 멈출 곳에 멈출 수 있는 눈을 가지라고 하고 있다.

제4편

명(銘)

제4편 명(銘)

명(銘)은 한문의 다양한 문체 가운데 하나로서 자기 스스로를 경계하기 위해 쇠붙이나 돌, 또는 소중한 물건이나 비석 같은 데에 새긴 글이다. 다른 사람의 공적을 찬양하거나 사물의 내력, 또는 죽은 사람의 일생을 적기도 한다.

특히 명은 '새긴다'라는 뜻이어서 예전에는 주로 청동으로 만든 솥[鼎(정), 제사에 쓰는 그릇임] 등에 새겼다. 하지만 후대로 내려오면서는 좋은 경치에 자리 잡은 돌이나 마을의 우물 등에도 글을 새기는 경우가 많았다.

그 밖에 사람들이 아침저녁으로 자주 대하는 그릇 등에 적어 놓고 이를 볼 때마다 반성함으로써 스스로의 삶의 지표로 삼는 좌우명도 명에 속한다. 명 가운데 은나라를 세운 탕왕이 자신의 욕조에 새겼다는 '진실로 날마다 새로워지려거든 날마다 새롭게 하고 또 날마다 새롭게 하라.'라는 글이 유명하다.

명은 그 형식이 시처럼 리듬을 지닌 것이어서 네 글자씩 짝을 이루지만 때로는 세 글자나 다섯 글자 등으로 구성되기도 한다. 또한 명(銘)에는 그 글을 짓게 된 동기를 적어 놓는 경우가 많다.

이 글은 서경덕 자신의 마음 자세를 경계한 글로 보인다. 특히 선비들은 거문고를 중요하게 여기면서도 줄 없는 거문고를 높이 쳤는데 그 속에는 마음의 소리가 중요하다는 의미와 함께 인위적인 것이 아니라 자연의 소리가 중요하다는 의미를 담고 있다.

1. 줄 없는 거문고에 새김

一

거문고에 줄이 없음은 본체는 그대로 두고 작용은 뺀 것이다. 하지만 정말 작용을 없앤 것이 아니라 고요함 속에 움직임을 머금고 있는 것이다.

들되 소리를 통해 듣는 것은 소리 없음을 통해 듣는 것만 못하고, 형체를 통해 즐기는 것은 형체 없음을 통해 즐기는 것만 못하다. 형체 없음을 통해 즐기면 그 미묘함을 얻게 되고, 소리 없음을 통해 들으면 그 오묘함을 얻게 된다.

밖으로는 있음에서 얻지만 안으로는 없음에서 깨닫는다. 그 가운데서 얻어지는 흥취를 돌아본다면 어찌 줄 위의 공부를 일삼겠는가?

二

(거문고를 켤 때는) 거문고의 줄을 연주하는 것이 아니라 줄과 줄 사이를 쓴다. 음률 밖 소리에서 나는 본연의 소리를 얻는다. 소리로 즐기지만 귀로 듣는 것이 아니라 마음으로 듣는다. 그것이 그대가 기대하는 것이니 어찌 내 거문고를 듣겠는가?

2. 거문고에 새김

一

그대의 가락을 퉁기며 내 마음을 즐겁게 하네. 여러 가지 곡조를 고르되 밖으로는 음탕하지 않네. 절도를 지켜 어우러지니 하늘이 그

때를 이루며, 통달함으로써 조화를 이루니 봉황도 그 법칙을 따르네.

二

거문고 줄 뜯는 소리의 어우러짐이여 요순시대로 돌아가는구나. 더러움을 씻어냄이여 하늘과 짝하는도다. 아양의 곡조를 연주하지만 사람들 누가 들으리오. 번거로움과 간단함이여 깊은 느낌이 있도다.

✤ 선비들은 늘 거문고를 가까이했다. 그 까닭은 거문고가 한자로는 금(琴)인데, 그 발음이 잘못된 행위를 삼가한다는 뜻의 금(禁)과 통하기 때문이다.

먼저 앞의 두 시는 줄 없는 거문고에 새긴 글이고 뒤의 두 시는 줄 있는 거문고에 대한 이야기다. 줄 없는 거문고는 장자에 나오는 이야기다. 줄은 소리를 내는 도구다. 하지만 소리를 통해 듣는 것보다 소리 없음을 통해 듣는 것이 한 단계 위다. 이는 글자를 통해 써진 의미를 보지만 글자의 조합을 보는 것이 아니라 그 글자들 속에 담긴 의미를 보는 것과 같다.

하지만 두 번째 시에서는 그보다 낮은 단계를 설명하고 있다. 거문고의 가락이 여러 줄을 튕겨서 나오는 것이지만 서로 어우러져야 함을 강조함으로써 세상 만물의 이치 또한 어우러짐에 있다는 서경덕 자신의 생각을 은연중에 드러내고 있는 것이다.

《화담집》, 기에서 찾은 세상의 이치

1. 화담의 생애와 시대 배경

화담 서경덕(徐敬德, 1489~1546)은 지금은 갈 수 없는 땅 개성에서 태어났다. 개성의 옛 이름은 송도였다. 서경덕의 어머니 한씨는 공자를 모신 사당에 들어가는 꿈을 꾸고 서경덕을 가졌다고 한다.

서경덕은 어려서부터 누구에게 학문을 본격적으로 배운 적이 없었다. 다만 14세 때 송도에 살던 사람에게 《서경》을 배웠는데 그 다음 해까지 300회를 읽었다는 기록이 남아 있다.

서경덕의 학문은 거의 혼자 힘으로 이루어졌다. 18세 무렵 《대학》을 읽다가 "앎을 완성하는 것은 사물에 나아가 그 사물의 이치를 깨닫는 일에 있다."라는 문장을 읽고 나서 "공부를 하면서 먼저 사물의 이치를 탐구하지 않는다면 독서가 무슨 소용이겠는가."라고 하고, 매일 자연계 사물의 이름을 벽에 한 가지씩 써 붙이고 그 이치가 무엇일까를 고민했다고 한다.

어떤 날은 '종달새'라고 써 붙이고, 또 다른 날은 '온천'이라고 써 붙였다. 그리고 또 다른 날은 '바람'이라고도 써 붙였다. '종달새'라고 써 붙인 날은 하루 종일 '종달새'만 바라보다 들어온 날이었을 것이다.

어렸을 때 서경덕은 나물을 캐러 들에 나갔다가 나무 꼭대기에 집을 짓고 사는 종달새의 움직임에 정신이 팔려 나물 바구니를 던져 놓은 채 하루해를 보내 버린 적도 있었다. 나무 밑에 앉아 바라보는 종달새의 움직임은 신비로움 그 자체였을 것이다. 종달새는 높은 가지 위에 집을 지어 놓고는 쉴 새 없이 제 집을 드나들면서 어떤 때에는 집에 앉자마자 풀쩍 뛰어오르기도 하고 또 어떤 때에는 잠시도 쉬지 않고 울어대기도 했을 것이다.

종달새가 저토록 쉴 새 없이 제 집을 들락거리는 까닭은 무엇일까? 종달새의 날갯짓에는 어떤 원칙이 있는 것일까? 높은 나무 위에 집을 짓는 까닭은 무엇이며 잠시도 쉬지 않고 울어 대는 까닭은 무엇일까? 그런 것들이 모두 서경덕에게는 풀리지 않는 의문이었다.

'온천'이라고 써 붙인 날은 똑같은 땅인데 어디서는 찬 물이 나오고 어디서는 따뜻한 물이 나오는지를 고민했을 것이고 '바람'이라고 써 붙인 날은 아무것도 없는 공간에서 바람이 나오는 까닭이 무엇인지를 곰곰이 생각했을 것이다. 이런 노력의 결과가 만들어낸 것이 서경덕의 기(氣) 철학이다.

사실 우리는 어린 시절 누구나 어른들에게 쉴 새 없이 질문을 했던 기억이 있을 것이다. '해는 왜 뜨는 거예요?', '구름은 왜 생겨나죠?', '무지개는 왜 저렇게 예쁠까요?', '꽃은 왜 피었다가 시들고, 사람은 왜 태어났다 죽고, 비나 눈은 왜 내리다가 그치는 거죠?'

사람들은 나이가 들면서 의문이 해결되지 않았지만 대부분 세상일을 다 알아 버린 것처럼 살아간다. 하지만 서경덕은 나이 들어서도 이런 의문을 끊임없이 스스로에게 던지면서 답을 구하려 했고 그 결과 자신의 철학을 만들 수 있었다. 서경덕에게는 모든 자연 현상이 다 심각한 철학적 고민의 대상이었던 것이다. 그는 이처럼 우주 자연의 객관적인 법칙을 탐구하는 데 일생을 바친 사람이다.

서경덕이 살던 당시 송도에는 세 가지 자랑 거리가 있었다. 당시 사람들은 이 세 가지를 가리켜 송도삼절이라고 불렀다. 하나는 웅장한 모습으로 위에서 아래로 시원하게 떨어지는 박연 폭포였고, 또 다른 하나는 춤이며 노래며 악기며 선비들과 학문에 대한 이야기를 주고받을 수 있을 정도의 지식에다 미모까지 갖춘 황진이였다. 그리고 남은 마지막 하나가 바로 화담 서경덕이었다.

서경덕은 벼슬 한 번 한 적 없이 시골에 묻혀 사는 선비였다. 하지만 자연에 묻혀 유유자적하게 살아가는 그의 삶과 처사다운 풍모 때문에 송도 부근 사람들은 재판할 일이 생기면 관청으로 가기보다 서경덕에게 판결해 달라고 몰려왔다.

처사란 높은 학문과 덕을 지니고 있으면서도, 일생 벼슬에 연연하지 않고 자연에 묻혀 지내면서 자신을 수양해 간 사람들을 가리키는 말이다.

옛날이나 지금이나 사람을 평가하는 데는 여러 가지 기준이 있다. 그러나 공통적으로 보면 돈이 많거나 지위가 높다고 해서 무조건 훌륭한 사람으로 보지는 않는다. 어느 시대나 사람다운 사람, 즉 덕이 높은 사람을 더 높이 쳐 왔던 것이다.

학문으로 보면 지금의 교육부 장관이나 국립대학 총장에 해당하는 대제학을 하고도 남았고, 능력으로 본다면 지금의 국무총리에 해당하는 영의정을 여러 차례 지냈겠지만, 돈도 벼슬도 명예도 아랑곳하지 않고 오직 자신의 수양에만 몰두했던 사람이 서경덕 같은 처사였다.

당시 조선 땅에는 세 사람의 처사가 있었다. 한 명은 경상 우도 지리산 자락에 머물던 남명 조식이었고, 또 한 명은 대곡 성운이었으며 마지막 한 명이 화담 서경덕이었다. 세 사람이 한 번 속리산에서 만난 적이 있다. 속세를 뜻하는 '속', 떠남을 뜻하는 '리', 바로 그 속세를 떠난 속리산에서 세 사람이 만난 것이다. 장안의 지식인들은 세 사람이 만나 무슨 이야기를 나누었는지 궁금했겠지만 세 사람은 아마도 자연 속에서 서로를 흠모하다 헤어지지 않았을까?

서경덕은 양반집 자제라면 누구나 다 일정 수준의 공부를 마치고 나면 과거 시험을 보던 조선 사회에서 제대로 과거 시험 한 번 보지 않았던 처사였다. 43세 때 어머니가 하도 졸라서 어쩔 수 없이 과거 시험을 본 적이 있었다.

당시 과거 시험은 크게 두 단계로 나누어졌다. 특히 문과의 경우 양반집 아이들은 어릴 때부터 서당에서 한문을 배운 뒤 8세가 되면 서울의 동서남북에 있는 4학이나 지방의 향교에 입학했고, 이때부터 1차 시험인 소과를 보았다.

이 시험에 합격하면 생원이나 진사가 되며 성균관에 입학할 자격이 주어진다. 성균관에 들어간 다음에는 다시 세 차례에 걸쳐 2단계 시험인 대과를 보고 33명을 뽑지만 등수를 먹이지는 않는다. 그 33명이 임금 앞에서 석차를 정하는 시험을 보는데, 그 결과는 갑·을·병의 3등급으로 나누어졌다.

갑과의 장원 급제자는 종6품의 벼슬을 받고 병과는 정9품의 벼슬을 받았다. 그런데 서경덕은 1차 시험인 소과에만 합격하여 생원이 되었을 뿐 더 이상 시험을 보지 않았다. 그런데도 불구하고 같은 해 함께 소과에 합격한 어떤 선비가 "내 이름이 쓰여진 합격자 명단에 서경덕의 이름이 같이 있으니 영광이다."라고 했을 정도로 서경덕은 모든 선비들의 흠모의 대상이었다.

중종이 다스리던 31세 때에는 조정에서 과거 시험 없이 추천을 통해 덕이 높은 사람에게 벼슬을 주는 새로운 제도를 만들었다. 그때 전국에서 추천된 사람이 120명이었으며, 그 가운데 서경덕이 1등으로 추천되었다. 하지만 그는 사양하고 벼슬에 나아가지 않았다.

그 뒤 그의 나이 52세 때 당시 재상이던 김안국이 서경덕을 임금에게 추천했지만 벼슬에 나아가지 않았고 56세 때에도 임금이 벼슬을 주었지만 받지 않았다.

서경덕의 이러한 삶은 당시 시대적 배경과 밀접한 연관이 있다. 서경덕이 살던 시기는 정치적으로 매우 혼란한 때여서 많은 선비들이 희생된 4대 사화가 줄지어 일어났다. 따라서 성종 때 태어나 연산군, 중종, 인종, 명종 이렇게 다섯 임금의 통치 기간에 걸쳐 살았던 서경덕의 생애는 4대 사화와 직접 얽혀 있다고 해도 지나친 말은 아니다. 4대 사화를 서경덕의 생애와 대비시켜 본다면 10세 무렵 무오사화가 있었고 16세 때 갑자사화가 일어났다. 그리고 30세 무렵 기묘사화가 있었고 죽기 1년 전인 56세 때 을사사화가 일어났다.

사화는 올곧은 선비 정신을 지닌 사림파와 자신들의 기득권을 지키려는 훈구파의 대립이었다. 이황과 4단7정 논쟁을 벌였던 기대승은 《논사록》에서 정몽주―길재―김숙자―김종직―김굉필―조광조로 이어지는 흐름을 사림파의 맥이라고 보았다. 선비 정신의 으뜸으로 추앙받는 정몽주는 고려에 충성을 바치기 위해 조선의 건국을 반대하다가 선죽교에서 맞아 죽은 사람이며, 길재 또한 조선 건국 이후 일체 벼슬에 나아가지 않고 지조를 지킨 사람이다. 그리고 김숙자, 김종직, 김굉필, 조광조는 모두 4대 사화에서 희생된 선비들이었다.

사림파와 훈구파의 대립은 성리학을 받아들인 고려 말의 신진 사대부들이 조선의 건국을 놓고 어떻게 판단하고 실천했는지에서 비롯되었다. 초기 사림파는 앞에서 본 것처럼 조선의 건국을 부정하고 벼슬에 나아가지 않았다. 하지만 조선이 안정기에 접어들자 사림의 후예들도 다시 벼슬에 나아가기 시작했다. 그리고 여러 차례 정치적 사건이 일어날 때마다 비판 정신을 가지고 은거와 진출을 반복하게 되었다.

김숙자는 세조가 단종을 몰아내고 왕위에 오르자 정권 탈취의 부당함에 항거하는 뜻으로 벼슬을 그만두었다. 또한 그의 아들 김종직이 써 놓았던 세조를 비판하는 글이 제자인 김일손에 의해 실록을 만드는 자료에 끼워 넣어진 것이 발단이 되어 사림파들이 대거 죽임을 당하거나 귀양 가는 무오사화가 일어난다.

그리고 6년 뒤 연산군은 자신의 어머니가 서인으로 강등되어 내몰린 사건과 관련해 또 다시 많은 사림파 사람들을 죽이거나 귀양을 보내게 되는데 이 사건이 갑자사화였다.

그 뒤 중종이 연산군을 몰아내고 왕이 된 다음 조광조를 중심으로 한 사림들이 사회를 개혁하려다 훈구 세력들에게 몰려난 기묘사화가 있었고, 명종이 왕이 되면서 인종의 외척을 내몬 을사사화에서도 많은 사림파들이 희생되었다. 이런 점에서 본다면 서경덕은 일생을 사화 속에서 보낸 것이며 이 같은 시대 상황이 서경덕으로 하여금 과거 시험을 거쳐 정치에 참여하기보다는 물러나서 산속에 묻혀 살도록 했을 것이다.

당시 선비들은 대부분 도덕 문제에 관심을 가졌기 때문에 자연의 법칙까지도 인간의 도덕 문제로 바꾸려 들었다. 하지만 서경덕의 관심은 일반 유학자들과 달랐다. 그는 일생 동안 자연의 이치를 중심에 두고 생각했는데 그의 이러한 태도가 자연 속에서 지내고자 하는 자신의 삶을 결정지었을 것이다.

서경덕은 벼슬만 안 한 것이 아니라 글도 별로 남기지 않았다. 56세 때 병이 깊어져서야 "성현의 말씀이 이미 경전에 있고 선유들이 주석을 붙였으니 다시 설명을 붙일 필요는 없지만, 설명하지 못한 부분에 대해서는 책을 지어야 할 것이다. 이제 병이 이와 같으니 설명을 전하지 않을 수 없다."라고 하고 〈원이기(原理氣)〉, 〈이기설(理氣說)〉, 〈태허설(太虛說)〉, 〈귀신사생론(鬼神死生論)〉 등 4편을 지었다.

서경덕은 58세를 일기로 자신이 늘 공부하느라 머물던 서재에서 생을 마감했다. 서경덕은 그해 겨울부터 병상에 누워 있었는데, 이

날 병이 조금 나아지자 그를 돌보던 사람들의 부축을 받고 연못에 가서 목욕하고 돌아온 다음 얼마 뒤 숨을 거두었다.

숨을 거두기 직전 스승의 소식을 듣고 몰려온 제자들 가운데 한 제자가 물었다. "선생님 지금 심정이 어떠신가요?" 그러자 서경덕은 "죽고 사는 이치를 깨달은 지 오래여서 마음이 편하다."라고 답했다. 서경덕이 죽고 난 뒤 조정 신하들이 선조에게 벼슬을 내리도록 청했다. 선조가 서경덕의 학문은 주로 자연을 이야기한 것이라서 도덕을 닦는 일에는 부족하다고 하자 율곡 이이가 나서서 "서경덕의 학문은 생각이 깊고 넓어서 스스로 얻은 묘미가 매우 많으니 말이나 글자로만 하는 학문이 아닙니다."라고 변호했다.

서경덕의 학문은 뒷날 많은 제자들에게 이어졌고, 특히 율곡 이이와 실학자들에게 큰 영향을 미쳤다.

2. 《화담집》은 어떤 책인가?

《화담집》은 조선 중기 성리학의 한국적 토착화가 진행되던 시기인 화담 서경덕의 사상이 잘 담겨 있는 문집이다. 4권으로 나뉘어 있으며 나무 판에 글자를 새긴 목판본으로 남아 있다. 처음에는 제자 박민헌(朴民獻)과 허엽(許曄, 《홍길동전》을 지은 허균의 아버지) 등이 서경덕이 남긴 글과 제자들이 서경덕에게 배울 때 외워 두었던 글을 모아 책을 펴냈지만 임진왜란 때 없어졌기 때문에 1605년에 다시 간행되었고, 그 뒤 1770년에 부록을 덧붙여 간행되었다.

책의 구성을 보면 1권은 시와 부(賦)가 실려 있고, 2권은 임금에게 올린 상소문과 가까운 사람들에게 보낸 편지 글, 그리고 잡저와 서(序)와 명(銘)이 있으며, 3권과 4권은 연보와 제자들에 대한 기록 등이 있다. 분량이 많지 않은 까닭에 서문이나 목록이 붙어 있지 않은 것이 특이하다.

1권에는 79편의 시와 1편의 부(賦)가 실려 있는데, 중년 시절 금강산과 지리산 같은 자연을 찾아다니며 느낌을 적은 글들과 함께 부채를 통해 자신의 사상을 밝힌 〈사김상국혜선(謝金相國惠扇)〉이 있다.

그리고 2권에는 그의 철학이 잘 드러난 글이 모여 있다. 서경덕의 사상적 바탕은 장재와 소옹에게 영향받은 것이 크지만 자신의 독창적인 이해를 통해 독자적인 학문 세계를 구축했다.

이 같은 생각은 〈원이기(原理氣)〉, 〈이기설(理氣說)〉, 〈태허설(太虛說)〉, 〈귀신사생론(鬼神死生論)〉, 〈복기견천지지심설(復其見天地之心說)〉, 〈온천변(溫泉辨)〉 등에 잘 나타나 있다. 이러한 글들에 담긴 그의 사상은 기를 중시한 것들이었으며, 훗날 이황과 이이 등의 이기론에 많은 영향을 주었다.

또한 2권에는 임금이 벼슬을 내렸을 때 사양하는 뜻을 올린 〈의상

정릉사직소(擬上靖陵辭職疏)〉와 인종의 능 제사에 대한 의견을 밝힌 〈의상효릉논대행대왕상제불고지실소(擬上孝陵論大行大王喪制不古之失疏)〉가 있지만 모두 글로만 남겼을 뿐 올리지 않았다.

《화담집》은 다른 문집들과 달리 내용이 무질서하게 수록되어 있다. 그 이유는 남긴 글이 많지 않기 때문이다. 하지만 서경덕이 한국 성리학에서 기를 강조한 철학의 출발이 되는 만큼 그의 사상이 갖는 의미는 크며, 그 의미가 깃든 서경덕의 철학을 살필 수 있는 유일한 자료가 바로 《화담집》이다. 《화담집》은 현재 규장각과 장서각, 그리고 국립중앙도서관 등에 보관되어 있다.

3. 화담 서경덕의 사상

1) 의문에서 시작된 철학

서경덕은 일생 동안 과거 시험도 마다하고 임금의 부름도 거절한 채 자연에 묻혀 살았다. 그의 독특한 학문 경향은 어린 시절 나물 캐러 나갔다가 나무 꼭대기에 집을 짓고 사는 종달새의 움직임에 정신이 팔려서 나물 바구니는 던져 놓은 채 하루해를 보냈다는 일화에 잘 나타나 있다. 그리고 어려운 가정 환경에도 불구하고 이러한 의문을 자신의 일생 철학으로 승화시켜 나간 것이다.

어린 시절 사람들은 누구나 어른들이 당연한 것으로 여기는 온갖 것들에 대해 궁금해 한다. 왜 매일 밥을 먹어야 하고 왜 공부를 해야 하는지, 해가 떴다 지는 이유는 무엇이며 눈과 비가 내리는 이유는 무엇인지, 꽃들은 왜 색깔이 다 다른 것이며 나무 잎은 왜 푸른지, 여름은 덥고 겨울은 추운 이유가 무엇이며 바람은 왜 부는 것인지, 그래서 쉴 새 없이 어른들에게 물어 본다.

이런 의문들 대부분은 어른들의 설명을 통해 알게 되거나 스스로 깨우쳐 가기도 하지만 사실은 나이가 들어가면서 의문을 갖는 태도 자체를 잃어버리고 마는 경우가 많다. 그리고는 어른이 되고 난 뒤 아이들의 끊임없는 질문을 귀찮아하기까지 하는 것이다. 하지만 서경덕은 나이가 들어서도 끊임없이 이런 질문을 던지면서 사물의 법칙에 대한 철학적인 답을 구하려 했던 인물이다.

그래서 촛불, 온천, 바람 같은 구체적인 자연 현상에서부터 봄, 여름, 가을, 겨울로 바뀌는 1년의 순환과 삶과 죽음으로 구분되는 인간 삶의 변화까지를 탐구 대상으로 삼았다. 이런 노력의 결과로 나온 것이 서경덕의 기(氣) 철학이다. 서경덕의 관점에서 볼 때 인간 세계와 자연 세계, 정신적인 것과 물질적인 것 모두는 변하지 않는 것이 없으며, 그 변화는 오직 기의 변화에서 비롯된 것이었다.

서경덕은 58세 되던 해 자신의 거처 옆에 있던 연못인 화담에서 목욕한 뒤 조용히 죽음을 맞았다. 죽음 앞에서도 서경덕의 마음을 편하게 했던 그 깨달음이란 과연 무엇이었을까? 그것은 바로 서경덕이 일생을 통해 얻은 기 철학이었을 것이다.

2) 우주 자연의 변화에 대한 과학적 고찰 — 바람이 부는 까닭을 부채를 통해 깨닫다

어느 해 단오 무렵 재상 김안국이 서경덕에게 부채를 선물로 보내왔다. 그 부채를 받아 든 서경덕은 몇 차례 부채질을 하면서 바람 맛을 보다가 생각에 잠겼다. 그리고는 앞의 번역문에서 본 것처럼 〈김재상이 부채를 선물함에 감사하며〉라는 제목으로 두 편의 시를 짓고 그 앞에 짧은 글 하나를 덧붙였다.

한 여름 무더위 속에 앉아 부채질을 해 보자. 바람 한 점 없는 가운데 부채를 흔들면 시원한 바람이 생기지만 부채질을 멈추는 순간 바람은 없어진다. 바람은 어디에서 오는 것일까? 부채 속에 숨어 있다가 나오는 것일까? 부채 속에 있는 것이 아니라면 바람이 어디에서 오는 것일까? 서경덕은 바람이 부채와 우주 공간을 가득 채우고 있는 기의 마찰에서 오는 것이라고 생각했다.

우리 주변을 보면 마치 빈 공간처럼 보인다. 하지만 그 빈 듯해 보이는 공간을 가득 채우고 있는 것이 기이다. 그래서 서경덕은 기가 하늘과 땅 사이를 가득 채우고 있는 모습을 물이 조금의 빈틈도 없이 계곡을 가득 채우고 있는 것에 비유했다. 그러니까 부채로 공간을 가득 채운 기 가운데 한 부분을 밀어내는 순간 부채에 밀려난 공간으로 그 옆에 있던 기들이 바로 따라 들어오면서 부채가 밀어낸 공간을 채우느라 일어나는 현상이 바람인 것이다. 우리 눈에는 그러한 기의 흐름이 보이지 않지만 풀무(불을 피울 때에 바람을 일으키는 기구)를 돌리면 바람이 생기는 이치와 같은 것이라고 보았다.

이처럼 서경덕은 비록 거친 이해이기는 하지만 당시로서는 상당히 과학적으로 바람을 설명하려 했다. 바람을 기로 설명한 방식은 온천에 대한 설명과 촛불에 대한 설명, 그리고 종달새 날갯짓에 대한 설명을 포함하여 우주 자연의 변화에 대한 설명으로 이어졌고, 죽음과 삶의 변화에 대한 설명으로도 나타났다. 그렇기 때문에 제자들이 죽음을 앞둔 서경덕에게 심정이 어떤지를 물었을 때 "죽고 사는 이치를 깨달은 지 오래라서 내 마음이 편안하다."라고 답할 수 있었던 것이다.

3) 만물 변화의 원인 ─ 기

서경덕은 이 세상 어디에도 빈 공간은 없으며 우주 전체가 기(氣)로 가득 차 있다고 보았다. 또한 사람을 포함하여 존재하는 모든 물건도 다 기의 덩어리라고 생각했다.

따라서 기 자체는 보이지도 않고 만져지지도 않지만 존재하는 것과 빈 듯해 보이는 공간을 포함하여 우주 전체를 가득 채우고 있는 셈이다. 그 가운데서도 서경덕은 빈 듯해 보이는 상태를 우주 만물의 발생 근원으로 보았으며 태허(太虛)라고 불렀다. 그러니까 태허는 기의 바다인 셈이며 그 기의 바다를 가득 채우고 있는 기들이 어느 순간 뭉쳐져 구체적인 사물이 되었다가 어느 순간 흩어지면 다시 기의 바다인 태허로 돌아가는 것이다.

태허는 《장자》에 나오는 표현으로서 완전히 빈 듯한 상태를 가리킨다. 장자는 노자의 사상을 이어받아 좋은 것, 높은 것, 강한 것, 아름다운 것, 힘 센 것 등만 추구하는 현실을 비판하면서 좋은 것과 나쁜 것, 높은 것과 낮은 것, 강한 것과 부드러운 것, 아름다운 것과 추한 것, 힘 센 것과 약한 것, 앞과 뒤, 꿈과 생시, 죽음과 삶, 슬픔과 기쁨이 모두 상대적인 것에 지나지 않는다고 보았다. 그리고 이러한 상대 세계의 현상을 넘어서 절대의 경지를 추구하라고 하면서 그 궁극의 경지로 태허를 말한 것이다.

그 뒤 태허를 중요한 철학 용어로 되살려낸 사람이 1100년 무렵의 중국 학자 장재였다. 장재는 태허에서 모든 만물이 생겨나고 그 만물이 흩어지면 다시 태허로 돌아간다고 하면서 그러한 순환 과정을 기로 설명했다.

그런 점에서 본다면 서경덕은 많은 부분을 장재로부터 영향을 받았다. 하지만 서경덕은 영향을 받은 것에 머물지 않고 독자적인 자신의 학문 틀을 만들어 감으로써 한국 기 철학 발전의 토대를 다졌다.

기 철학은 모든 것을 변화의 관점에서 보는 철학이다. 이 세상에 변하지 않는 것은 없다. 사람의 변화를 크게 보면 태어나서 자라고 늙고 병들고 죽는다. 나라도 마찬가지다. 어떤 국가가 만들어지면 발전하다가 마침내 쇠퇴하기 시작하여 망한다. 가장 오랜 역사를 가진 로마와 우리나라의 신라도 천 년을 넘기지 못했다.

　하지만 작게 보면 잠시 동안도 사람의 마음이나 생각이 여러 가지로 달라지며 나라 또한 발전과 혼란을 반복한다. 자연은 어떠한가? 종달새가 날갯짓을 하고, 구름 한 점 없던 하늘에 어느덧 구름이 몰려와 바람이 불고, 눈이나 비가 내린다. 봄이 되면 꽃이 피고, 여름 되면 녹음이 우거지며, 가을 되면 열매 맺고, 겨울 되면 잎사귀마저 떨어진다.

　어디 그뿐이랴? 한 번 생겨난 것은 반드시 없어지는 법이니 해도, 달도, 그리고 태양계도 오랜 시간이 걸리겠지만 언젠가는 없어진다. 이처럼 이 세상 어느 하나도 바뀌지 않는 것이라곤 없다. 그렇다면 이러한 변화는 왜 생기는 것일까? 서경덕은 모든 변화가 기의 변화이며 변화의 원인 또한 기에 달려 있다고 보았다. 그렇다면 기의 변화는 왜, 그리고 어떻게 일어나는 것일까?

　서경덕은 기가 어딘가에서 생겨나는 것이 아니며 없어지는 것도 아니라고 보았다. 처음부터 있었던 것이며 계속 다른 모습으로 존재할 뿐이다.

본래 성리학에서는 모든 사물을 이기론으로 설명했다. 이기론이란 리(理)와 기(氣)로 모든 것을 설명하는 이론이다. 그런데 주희를 비롯한 대부분의 성리학자들은 리는 절대 불변의 원리 또는 법칙으로서 형이상학적인 개념이고 기는 구체적인 현실로 드러나는 소재로서 끊임없이 변하는 개념이면서 형이하학적인 개념이라고 보았다. 그래서 리보다 기를 차원 낮은 개념으로 보고, 리는 처음부터 그대로 있을 뿐 생겨나지도 않고 없어지지도 않는 이상적인 것이라고 생각했다. 또한 기는 리를 원인으로 해서 생겨나는 것이며 한 번 생겨난 기는 변화 과정 속에서 점점 엷어져서 마침내 없어지는 것이라고 보았다.

하지만 서경덕의 생각은 달랐다. 이 세상은 처음부터 기로 가득 차 있을 뿐이며 그 기는 어디서 생겨난 것도 아니고 모습이 달라지는 것일 뿐 없어지는 것이 아니라고 보았다.

서경덕은 그러한 예로 촛불을 들어 설명했다. 촛불에 불을 붙였다가 훅 불어 끄면 연기도 나고 냄새도 난다. 하지만 얼마 지나지 않아 냄새도 연기도 모두 없어지는 것처럼 보인다. 하지만 서경덕은 냄새와 연기가 모두 점점 엷어져서 기의 본래 모습인 태허로 돌아간 것일 뿐 없어진 것이 아니라고 보았다.

서경덕의 설명에 따르면 초와 초의 심지, 그리고 불이 모두 기이다. 초에 불을 붙이면 불이 타들어 가면서 초도 심지도 모두 줄어든다. 이것은 초의 기와 심지의 기가 모두 불의 기로 바뀌는 과정일 뿐이다. 그리고 촛불을 끄면 다시 불의 기가 냄새의 기와 연기의 기로 바뀌는 것이며 냄새의 기와 연기의 기가 점점 엷어지면서 마침내 기의 본모습으로 돌아간 것일 뿐이다. 그러니까 이 우주 안에 처음부터 있었던 기의 총량은 모습만 달라져 보일 뿐 전혀 늘어나거나 줄어드는 것이 아니다. 서경덕의 이러한 생각은 마치 오늘날 과학에서 이야기하는 질량 불변의 법칙을 보는 듯하다.

그렇다면 기는 어떤 모습으로 존재하는가? 앞에서 보았듯이 기는 처음도 없고 끝도 없는 존재다. 다만 끊임없이 다른 모습으로 존재할 뿐이며 그러한 모습이 바로 우주 자연의 변화다. 그리고 그 변화는 기가 모였다 흩어졌다 하는 모습으로 나타난다.

기가 모이면 내 몸도 나오고 내 생각도 나오지만 기가 흩어지면 내 몸도 없어지고 생각도 없어지는 것이다. 꽃과 나무같이 우리 눈에 보이는 모든 것은 기가 모인 것이며 눈에 보이지 않는 감정이나 질병까지도 모두 기가 모여 생긴 것이다. 그러니까 정신적인 것이든 물질적인 것이든 만물의 발생은 기가 모인 것이고 소멸은 기가 흩어진 것일 뿐이다.

내 몸을 예로 들어 보자. 우리의 몸은 탄수화물, 단백질, 물, 아미노산 등 온갖 물질의 집합체지만 서경덕의 관점에서 보면 그 모든 것이 기의 덩어리들이다.

내가 죽으면 어떻게 될까? 내 몸을 이루고 있던 물은 빠져나가서 땅으로 스며들기도 할 것이고 다른 생물의 몸속에 들어 있던 물과 만나 냇물이 되어 흘러가기도 할 것이다. 그 가운데 일부는 하늘로 증발되어 비나 눈이 되어 내리기도 할 것이고 일부는 풀이나 곡식을 자라게 하는 데 쓰이기도 할 것이다. 그 풀을 뜯어 먹고 자란 소나 곡식은 또 다른 사람의 식량이 되기도 한다. 그리고 그 사람은 그렇게 얻은 양분으로 기를 쓰며 살아간다.

그 과정에서 그 사람 몸의 기 가운데 일부가 배설되어 나가기도 하고 일의 성과로 바뀌기도 한다. 그리고 죽음과 함께 다시 몸을 이루던 모든 기가 흩어지면서 흙으로 돌아가서 꽃을 피우기도 하고 몸에서 빠져 나온 물이 하늘로 올라가 비가 되기도 하는 것이다.

서경덕은 이처럼 끊임없는 기의 순환을 태허의 상태에서 기가 모이면 사물이 되고 다시 사물이 소멸하여 기가 흩어지면 태허의 상태로 돌아가는 것으로 설명했다. 그렇기 때문에 죽음을 앞에 두고서도 담담할 수 있었던 것이다.

사람이 살아가면서 가장 극복하기 어려운 것이 죽음이다. 물론 죽음을 극복하는 방법에는 여러 가지가 있다. 종교를 가짐으로써 죽음이란 천국으로 들어가는 문일 뿐이라고 생각하는 것도 좋은 방법이다. 하지만 서경덕처럼 죽음이란 삶에서 모양이 바뀌는 것일 뿐이라고 생각하는 것도 죽음을 넘어서는 또 하나의 방법이 될 수 있다. 이 같은 생각은 장자의 생각과도 통한다.

장자는 자기 부인이 죽었을 때 부인의 시체를 깔고 앉아 항아리를 두들겨 가며 노래를 불렀다. 친구의 부인이 죽었다는 소식을 듣고 조문을 왔던 혜시가 그 모습을 보고 "그대는 같이 살면서 자식도 기르고 함께 늙어 가던 부인이 죽었는데 슬퍼 울지 않는 것도 이상하거늘, 항아리를 두들기며 노래를 부르다니 너무 심하지 않은가?"라고 물었다. 그러자 장자는 "나라고 해서 어찌 슬프지 않았겠는가? 그런데 가만히 생각해 보니 처음부터 삶이란 게 없더란 말일세. 아니 삶이 없었을 뿐 아니라 본래는 형체도 없었지. 아니 형체가 없었을 뿐만 아니라 본래는 기(氣)도 없었다네. 흐리멍덩하게 뒤섞여 있던 것이 변하여 기가 생기고, 기가 변하여 형체가 생기고, 형체가 변하여 생명이 나온 것인데, 이제 다시 변하여 죽음으로 간 것뿐일세. 이런 변화는 봄·여름·가을·겨울이 서로 번갈아 순환하는 것과 같지 않겠는가. 저 사람은 또 천지라는 큰 집에 누워 쉬는 것일세. 내가 소리치고 통곡한다면 스스로 자연의 진리를 깨닫지 못한 것이라는 생각이 들어서 울음을 그쳤을 뿐이라네."라고 했다.

이처럼 처음부터 내 목숨이 생겨난 것도 대자연의 기에서 왔기 때문에 달리 얻은 것이라고 할 것이 없으며, 죽음 또한 내 몸을 이루고 있던 기가 본래 모습으로 돌아가는 것이기 때문에 잃었다고 생각할 것이 없다는 깨달음이 바로 죽음을 눈앞에 둔 서경덕의 마음을 편하게 했던 것이다.

4) 어떤 계기에 이르면 저절로 그렇게 되는 자연의 원리 — 기자이(機自爾)

그렇다면 끝없는 변화 속에서 우연처럼 한 생명이 생겨났다가 없어지고, 어디서부터인가 바람이 불어오다 그치며, 알지 못하는 사이에 꽃이 피었다가 지는 자연의 오묘한 변화는 왜 생기는 것이며 이러한 변화를 만들어내는 이는 누구인가?

숲에 가 보면 작은 풀잎까지 겨우 뛰어오르는 작은 곤충도 있고 그 위를 자유자재로 날아다니는 곤충도 있다. 어떤 곤충은 가만히 앉아 있다가 갑자기 두 앞발을 비비기 시작하더니 느닷없이 옆 꽃이나 잎 위로 후루룩 날아가 버린다. 연못 속 물고기도 마찬가지다. 이쪽을 향해 열심히 헤엄치다가 갑자기 방향을 바꾸기도 하고, 풀쩍 물 위로 뛰어오른다. 이런 자연의 변화는 모두 누가 시키는 것이며, 왜 그렇게 되는 것일까?

서경덕은 우주 자연의 모든 변화는 기가 스스로 그렇게 하는 것이며 동시에 어쩔 수 없어서 그렇게 되는 것이라고 한다. 이 두 가지 설명은 서로 모순처럼 보인다. 스스로 그렇게 한다는 것은 기 안에 능동적인 요소가 들어 있다는 뜻이다. 하지만 어쩔 수 없어서 그렇게 된다는 것은 기 안에 그렇게 될 수밖에 없는 필연적인 요소가 들어 있다는 뜻이다.

그런 점에서 서경덕은 기 자체에 능동성과 필연성이 같이 들어 있다고 보았다. 봄이 오고 가을 오고, 꽃이 피고 열매 맺는 변화의 과정이 한쪽으로는 기의 능동적인 변화인 동시에 다른 한편으로는 필연적인 변화라는 것이다.

서경덕은 이러한 생각을 기자이(機自爾)라는 말로 표현했다. '기자이'란 서경덕이 만들어낸 독창적인 용어로서 어떤 계기에 이르면 저절로 그렇게 된다는 뜻이다. 그러니까 꽃 필 때가 되면 꽃 피고 바람 불 때가 되면 바람 불며, 비올 때가 되면 비가 온다. 이러한 변화가 모두 시간적인 계기에서 일어나는 것이다.

사실 모든 변화는 한순간도 끊어진 것이 아니라 끊임없이 이어지는 연속의 상태다. 다만 그것을 시간적으로 나누어 보았을 때 그때가 되면 그러한 변화가 일어나는 것이다. 그때 중요한 것은 기를 그렇게 움직이도록 만드는 존재가 있는 것이 아니라는 점이다.

처음부터 기가 이 세상을 꽉 채우고 있되 없어지는 것도 아니면서 매시간적인 계기마다 꽃을 피우고 열매를 맺게 하고 잎을 떨어뜨리고 새싹을 돋게 하는 것이다. 이 같은 서경덕의 생각 속에는 그렇게 하는 것이 좋고 그렇지 않은 것은 나쁘다는 도덕적인 판단이 없다. 따라서 철저히 도덕론적 관점이 아니라 존재론적 관점에 서 있는 것이다.

서경덕의 호도 이러한 생각을 잘 보여 주고 있다. 본래 호는 스스로 짓기도 하고 남이 지어 주기도 하는데 특히 호의 주인인 그 사람의 삶이나 생각을 잘 표현하고 있다. 그의 호 가운데 가장 많이 알려진 '화담(花潭)'은 서경덕이 살던 곳에서 멀지 않은 연못의 이름이자 동네 이름이었다. 꽃 핀 연못이라는 말 속에 자연에 묻혀 살던 서경덕의 삶이나 자연의 변화를 추구하려는 그의 철학이 잘 드러나 있다.

그 밖에도 서경덕에게는 '복재(復齋)'라는 호가 있다. '복재'에서 '재'는 집이란 뜻으로 별 의미가 없다. 따라서 중요한 의미는 '복(復)'이라는 글자에 담겨 있다. '복'은 《주역》의 64괘 가운데 하나인 복괘를 뜻하며, 서경덕은 〈복괘에서 하늘과 땅의 마음을 본다〉라는 제목의 글을 지었다. 그렇다면 '복'이 어떤 의미기에 스스로 자신의 호를 복재라고 했으며, '복괘에서 하늘과 땅의 마음을 본다.'라고 했을까?

《주역》에 나오는 복괘의 모양은 ䷗이다.

이 가운데 아래 있는 진괘(☳)는 우뢰를 상징하며, 위에 있는 곤괘(☷)는 땅을 상징하다. 그래서 땅속으로부터 우뢰가 나온다는 뜻이지만 전체적으로 볼 때 어둠을 뚫고 태양이 막 솟구쳐 오르는 것을 의미한다.

《주역》은 본래 음과 양 두 가지로 구성되며 양은 —으로 표현되고, 음은 --으로 표현된다. 또한 음은 어둠을 상징하고 양은 밝음을 상징한다. 따라서 앞에서 본 복괘의 위 쪽 다섯 줄은 두텁게 쌓인 어둠이며 맨 밑에 한 줄이 그 어둠을 뚫고 일어나는 빛인 셈이다.

그런데 서경덕은 바로 그 '복괘에서 하늘과 땅의 마음을 본다.'라고 했다. 이 경우 복괘는 하루 중 해 뜨는 새벽에 해당하며 일 년에서는 해가 길어지기 시작하는 동지에 해당한다. 앞에서 보았듯이 서경덕의 주된 관심은 변화였으며, 그 변화가 가장 잘 드러나는 순간이 바로 새벽이고 동지인 셈이다. 그래서 '복괘에서 하늘과 땅의 마음을 본다.'라고 한 것이며 자신의 호 또한 복재라고 붙인 것이다.

4. 기 철학의 시대적 의미와 영향

지금의 개념과는 다르지만 서경덕은 당시 수준에서 볼 때 뛰어난 물리학자였다. 그는 인본주의 입장에서 자연의 법칙조차 인간의 도덕 법칙으로 이해하려 했던 성리학자들과는 달리 자연을 객관적으로 탐구하면서 그 안에서 자연의 법칙을 찾으려 했다. 그리고 인간을 포함하여 만물 속에 기가 담겨 있다고 보고 그 기의 변화를 통해 우주 자연의 변화를 설명했다.

그렇기 때문에 대부분의 성리학자들이 불변의 도덕 법칙인 리를 기보다 더 중시하면서 사물에 담긴 각각의 이치를 깨달음으로써 궁극에는 만물의 보편 원리인 태극을 깨달으려 한 것과 달리 기를 궁극의 존재로 보고 기가 무엇인지를 탐구했다.

본래 성리학이란 인간의 본성이 곧 이치라는 대명제를 인정하는 철학이다. 성리학의 대명제인 '성즉리'는 '본성이 곧 이치'라는 말을 그대로 옮긴 것이고, 성리학이란 표현 또한 여기에서 왔다.

그렇기 때문에 대부분의 성리학자들은 기보다 리를 더 중시했고, 존재론적으로도 리가 기보다 먼저 있다고 했다. 리를 강조하는 철학은 모든 것의 출발과 원인이 리에 있다고 생각하는데, 이런 철학을 강조한 대표적인 인물이 회재 이언적이나 퇴계 이황 같은 경우였다. 이러한 철학에서는 리가 도덕 원리이기 때문에 당연히 관념지향적인 경향을 지니게 되고 특히 도덕을 강조하기 때문에 모든 문제를 도덕의 차원에서 해결하려고 했다.

따라서 사회에 어떤 문제가 일어나면 그 원인을 사회 구조에서 찾기보다는 사회 구성원인 인간들의 도덕적 타락에서 찾으려고 한다. 예를 들어 공무원들의 부정부패가 심하다면 그 원인을 공무원의 도덕적 해이에서 찾게 되고 해결책으로 공무원들에 대한 인성 교육 강화 같은 방안이 나오게 된다.

이런 입장에 서면 공무원의 처우가 좋지 않아서 이런 문제가 발생한다든가, 사회 전반에 도덕적 타락이 만연해 있어서 도덕 불감증이 생긴다거나 하는 설명은 의미가 없게 되는 것이다.

반면 서경덕은 기에 대한 리의 우월성을 인정하지 않았다. 모든 것의 출발과 원인은 기이며 리는 기보다 높은 위치에서 기의 변화를 주관하고 감독하는 존재가 아니라, 변화를 통해 드러나는 기의 합리적인 법칙에 불과하다는 것이다. 그런 점에서 리는 도덕 법칙이라기보다는 자연 변화의 조리인 합법칙성에 불과했다. 따라서 기를 떠나서는 결코 리를 이야기할 수 없으며 리가 기보다 먼저 존재할 수도 없다.

그렇다면 리를 강조하는 철학과 기를 강조하는 철학이 사회적으로는 어떠한 차이나 영향으로 나타날까? 조선 시대 내내 리를 강조하는 철학이 기를 강조하는 철학보다 우위에 있었으므로 리를 강조하는 철학은 지배 계층의 이데올로기였다.

리는 불변의 도덕 법칙으로서 옳고 그름의 문제였으며 구체적으로는 임금과 신하, 부모와 자식, 남편과 아내, 형과 동생, 친구 사이의 관계를 도덕적으로 규정짓는 것이었다. 이러한 관계 규정을 나타낸 말이 삼강오륜이다. 그러니까 그 다섯 관계가 모두 도덕적이어야 하며 그 원리는 인간의 본성이 곧 이치인 도덕 법칙에서부터 오는 것이었다.

그런데 조선은 전제 군주가 다스리던 나라였다. 따라서 그 사회의 정점에는 임금이 있었다. 모든 문제의 출발은 임금의 마음이 바른가, 바르지 못하는가에서 시작되었으며, 만일 사회 전반에 문제가 생기면 임금의 마음을 바로잡는 것이 해답이라고 보았다.

하지만 기를 강조하는 철학은 불변의 도덕 법칙을 강조하는 리 철학과 달리 변화를 설명하는 철학이다. 변화에는 자연의 변화도 있고, 인간 자신의 변화도 있으며, 사회의 변화도 있다. 자연의 변화로는 봄, 여름, 가을, 겨울 등 4계절의 바뀜도 있고, 밤낮 같은 하루 안에서의 변화도 있다. 또한 사람의 변화로는 몸의 변화도 있고 마음의 변화도 있는데 특히 악한 마음이나 행동을 선한 마음이나 행동으로 바꾸어 가는 변화가 주목된다.

이런 변화에 대한 이해 속에는 그렇게 바꾸어 가겠다는 스스로의 의지가 담겨 있으며 이러한 철학을 내세운 이가 율곡 이이였다. 그래서 잘못된 사회를 바로잡으려는 사회 개혁 철학으로 나아갔다. 사회의 주인은 인간이며 인간의 실천을 통해 사회를 바로잡을 수 있다는 것이다. 따라서 관념이 아닌 실천의 철학으로 나아가는 토대가 기를 강조하는 철학에서 나오게 된다.

다음으로는 리를 강조하는 철학과 기를 강조하는 철학이 사회 구조와는 어떠한 연관이 있는지를 살펴보자. 조선 시대까지 전통 시대에는 모두 농업이 기본 산업이었다. 농업은 땅을 경작해야 하므로 토지를 떠나 성립할 수 없기 때문에 대부분의 사람들은 자신의 토지가 있는 곳에 머물러 살았다. 따라서 농업 사회의 구조는 동적이 아니라 정적(靜的)일 수밖에 없었으며, 이 같은 상황은 불변의 도덕 법칙을 강조하는 철학이 자리 잡기에 아주 좋은 토양이 되었다. 조선 시대 내내 사농공상을 이야기하면서 여기저기 돌아다니는 상업을 천시하고 억누른 것이 바로 이런 이유에서였다.

그것은 교실에서도 자기 책상에 가만히 앉아 있는 아이들보다 여기저기 돌아다니며 참견도 하는 아이들이 많아지면 선생님이 학급 전체를 통솔하기 힘들어지는 것과 같다. 따라서 사회 구조 면에서 산업적으로는 땅에 묶여 있고 사람 관계에서는 불변의 도덕 법칙에 묶여 있는 것이 다스리기 좋은 토대인 것이며 그 바탕의 이데올로기가 리를 중시하는 철학이었다.

하지만 기를 강조하는 철학은 기가 끊임없이 변한다는 점에서 사회적 이동도 당연한 것으로 받아들인다. 사회적 이동이란 한 군데 머무는 것이 아니라 여기저기 돌아다니는 상업의 강조로도 나타나고 또 다른 차원에서는 신분이 고정된 것이 아니라 바꿀 수 있다는 신분제 타파로도 나타난다.

따라서 기 철학은 한편으로는 움직임이 없이 늘 평온해 보이는 농업 사회에서 볼 때 사회적 불안을 일으키는 불온한 사상으로 보이기 쉬웠지만 다른 한편으로는 상업의 강조, 해외 통상의 중요성 강조, 신분제 타파 등의 측면에서 근대로의 발전 방안을 제시하는 개혁적인 사상으로 나아갈 수 있었다.

서경덕의 기 철학은 조선의 대표적 성리학자인 퇴계 이황과 율곡 이이로부터 비판을 받았다. 하지만 두 사람의 비판에는 상당한 차이가 있다. 이황은 서경덕의 기 철학을 전면적으로 비판했고 이이는 부분적으로 비판했다.

그 까닭은 이황은 리를 강조한 철학자였고 이이는 리와 기를 함께 강조한 철학자였기 때문이다. 리를 강조하는 이황의 입장에서 보면 리를 무시하고 기를 강조한 서경덕의 철학은 틀린 철학일 수밖에 없었을 것이며, 리와 기를 함께 강조한 이이의 입장에서는 리를 무시한 것은 비판의 대상이지만 기를 강조한 것은 긍정의 대상이므로 부분적인 긍정과 부분적인 비판이 함께 나올 수밖에 없었을 것이다.

그러나 서경덕은 기 자체를 강조한 것이 아니라 기의 변화를 강조한 사람이었다.

서경덕의 철학은 훗날 많은 제자들에게 이어졌다. 그 가운데는 《홍길동전》을 지었던 허균의 아버지 허엽도 있지만 가장 유명한 사람은 바로 토정(土亭) 이지함(李之菡)이었다.

특히 이지함은 오늘날도 많은 사람들이 새해 초 1년의 운세를 보는 《토정비결》을 지은 사람으로 알려져 있다. 토정은 흙으로 만든 집이라는 뜻으로 자신의 스승 서경덕처럼 부귀영화를 마다하고 세상과 거리를 두면서 자유롭게 살아간 사람이다.

그는 지금의 마포 언저리에 땅굴처럼 흙을 파 움집을 짓고 살면서 마포 나루터 주변의 민중들과 어울렸다. 그들 대부분이 하루하루 별

희망도 없이 살아가는 것을 보면서 그는 일반 백성들에게 무엇인가 희망을 주겠다는 생각을 품게 되었는데 그 결과물이 바로 《토정비결》이었다. 그래서 《토정비결》을 보면 그 안에 반드시 희망을 주는 이야기가 들어 있다.

이지함은 스승만큼이나 기이한 인물이었다. 어떤 때에는 쌀 한 말로 한꺼번에 밥을 지어 먹고는 한 달 동안 아무것도 먹지 않고 지냈다고 하며, 지팡이를 들고 다니다가 아무데서나 지팡이를 땅에 꽂아 놓고 거기에 기대어 선 채 잠을 잤다고도 한다. 늘 밥솥을 모자로 쓰고 다니다가 밥 먹을 때가 되면 모자를 벗어 거기에 밥을 지어 먹었다고도 하고, 여기저기 떠돌아다닐 때 제주도에도 몇 차례 갔다고 한다. 그런데 거기서 이지함이 배를 탈 때 박을 여러 개 들고 타서 사람들이 이상하게 여겼는데 풍랑이 심하게 일자 그가 그 박들을 배 가장자리에 붙들어 매어 배를 안정시켰는데 이를 본 많은 사람들이 놀랐다고도 한다.

이지함도 스승 서경덕처럼 벼슬에 얽매이지 않고 자유롭게 살았다. 하지만 가까운 친구였던 율곡 이이의 추천으로 어쩔 수 없이 두 차례 고을 원님을 지낸 적이 있었다.

그가 포천 현감을 지낼 때에는 나라에 부탁하여 바닷가 섬을 하나 빌려서는 소금을 만들어 팔아서 포천 백성들의 삶을 윤택하게 했으며, 아산 현감을 지낼 때에는 관청 건물에 걸인청(乞人廳)을 만들어 놓고 거지들을 모아다가 짚을 대주면서 새끼를 꼬도록 해서 그 새끼를 시장에 내다 팔아 먹고살 수 있게 했다. 일반 관리들이라면 생각도 못하고 시도도 하지 않았던 개혁 정치를 한 셈이다.

뿐만 아니라 이지함은 농업이 중심이면서 대외적으로 매우 폐쇄적이었던 당시 사회에서 뱃길을 통한 외국과의 교역을 강조했다. 이러한 해외 통상론은 뒷날 박제가 같은 실학자들로 이어지는데, 이같은 이지함의 생각이나 실천은 모두 변화를 추구하는 서경덕의 기 철학에서 온 것이었다.

훗날 서경덕은 민간 소설에서 주인공으로 자주 등장해 구름을 타고 다니면서 도술도 부리는 신선 같은 인물로 그려지기도 했다. 이러한 소설들은 대부분 현실성이 전혀 없는 허무맹랑한 이야기에 지나지 않지만 그 속에는 역설적으로 사회를 바꾸겠다는 서경덕의 개혁 의지가 강하게 들어 있다.

왜냐하면 양반과 상놈, 적자와 서자 같은 엄격한 신분 질서가 강하게 자리 잡고 있던 조선 사회에서 새로운 사회를 세운다는 것이 불가능했기 때문에 많은 사람들이 그런 소망을 이야기 속에 담아 표현했기 때문이다.

서경덕의 철학은 그 뒤로도 기를 강조한 철학자들에게 많은 영향을 주었으며, 특히 실학자들의 사고에도 적지 않은 영향을 미쳤다.

5. 기 철학은 오늘날 어떤 의미를 주는가?

1980년대 말부터 우리 사회에서는 많은 사람들이 기(氣)에 관심을 갖기 시작했다. 그 결과 전통 사회에서 세계를 이해하는 하나의 방식에 불과했던 기 개념이 조금씩 익숙한 개념으로 자리 잡았다.

기공이나 기체조 같은 수련을 하는 사람들이 많아지고 있으며, 건강식품이나 속옷까지도 기를 브랜드로 내세운다. 뿐만 아니라 전통 의학에 대한 관심이 높아지면서 침을 놓는 자리가 몸속의 기가 지나가는 곳이라는 정도의 지식까지 갖게 되었으며 '기 과학'이라는 용어도 쓰이게 되었다. 하지만 아직도 기에 대한 이해는 신비주의를 넘어서지 못하고 있다.

전통 시대의 기는 철학, 의학, 천문, 지리, 문학, 예술 등 모든 학문에서 중요한 개념이었으며, 일상생활에서도 자연스럽게 쓰이는 용어였다. 그러나 근대 이후 서구적 세계관을 받아들이면서 전통과의 단절이 이루어진 이후 오늘날 현대인들이 기를 이해한다는 것은 쉬운 일이 아니다.

사실 기는 서구적 세계관으로는 이해하기 어려운 개념인 동시에 그만큼 동양적 사유 체계를 잘 드러내는 개념이다. 그렇기 때문에 기를 영어로 번역할 때 Energy, 또는 Air나 Breath를 썼지만 이제는 중국 발음인 chi나 한국 발음 ki를 사용한다. 이것은 서양 용어로는 기를 설명할 수 없는, 동양만의 독특한 개념이라는 이야기가 된다.

그렇다면 기로 설명되는 세계관의 특징은 무엇인가?

첫째, 기는 미시 세계와 거시 세계를 하나로 설명하는 틀이며, 분자적 설명과 시스템적 설명을 함께 담고 있는 사유 체계다. 기는 아주 작은 사물을 설명하는 개념이면서 동시에 태허처럼 엄청나게 큰 것을 설명하는 개념이다. 그리고 독립된 사물 하나하나를 설명하는 개념이면서 우주 자연의 변화나 사물과 사물 사이의 관계처럼 전체 시스템을 설명하는 개념이기도 하다. 그렇기 때문에 서경덕은 바람과 촛불을 기로 설명하면서도 복괘를 통해 자연 전체의 순환을 설명하기도 했다.

둘째, 기는 물질과 비 물질, 구체와 추상을 하나로 설명하는 개념이다. 앞에서 보았듯이 기는 물질만이 아니라 정신이나 감정까지도 포괄한다. 그렇기 때문에 기는 정신적인 것이면서 동시에 물질적인 것이다. 사실 동양에서는 몸과 마음을 나누지 않았으며 삶과 죽음을 떼어 놓고 생각하지 않았다. 그래서 서경덕은 〈귀신사생론(鬼神死生論)〉에서 귀, 신, 사, 생 모두를 기로 설명한 것이다.

셋째, 기는 직접 그 실체를 느낄 수는 없지만 객관적으로 존재하는 개념이다. 앞에서 보았듯이 우리는 열기와 냉기, 온기와 습기, 그리고 심지어는 살기나 생기를 느낀다고 한다. 물론 존재는 감각으로 느낄 수 있어야 하지만 우리가 기 자체를 눈으로 보고 귀로 들을 수 있는 것이 아니다. 그런데 전통 의학에서는 기가 온 몸을 흐르고 있다고 보고, 그 흐름의 자리에 침이나 뜸을 놓는다. 그런 점에서 기는 감각할 수 없지만 실제 존재하는 개념이다.

오늘날 우리는 자연 파괴와 환경 오염에 직면하면서 인류의 파멸을 걱정하기도 한다. 이러한 현실은 신과 인간을 나누고 자연과 인간을 대립시켜 온 서구적 세계관을 토대로 오직 자연을 이용 대상이나 극복 대상으로 보아 온 결과다. 하지만 이를 극복할 수 있는 대안은 서구에 있지 않다. 바로 그런 점에서 서구의 지식인들까지도 자연과 인간, 정신과 물질을 하나로 연결하는 기 철학을 대안으로 주목하기도 한다.

자연과 인간의 문제만이 아니다. 인간의 경우 몸만 가지고 사람이라고 할 수도 없고 정신만 가지고 사람을 말할 수도 없다. 몸과 마음이 하나로 이해될 때 비로소 사람을 말할 수 있는 것이다. 따라서 앞에서 제시한 기 철학에서 보이는 세계관의 세 가지 특징은 오늘날 사람들에게 많은 시사점을 줄 수 있을 것이다.

화담 서경덕 연보

1489년 (1세) ┃ 2월 17일 송경(지금의 개성) 화정리에서 태어났다. 어머니 한씨가 공자묘에 들어가는 꿈을 꾸고 서경덕을 가졌다고 한다.

1502년 (14세) ┃ 송경에 살던 사람에게 《서경》을 배웠는데 그 다음 해까지 300회를 읽었다.

1506년 (18세) ┃ 《대학》을 읽다가 "앎을 완성하는 것이 사물에 나아가 이치를 깨닫는 일에 있다."라고 한 문장을 보고 "공부를 하면서 먼저 사물의 이치를 궁구하지 못한다면 독서가 무슨 소용이겠는가."라고 하고, 날마다 천지 만물의 이름을 벽에 써 붙이고 궁구하는 것으로 일과를 삼았다.

1507년 (19세) ┃ 태안 이씨와 결혼했다.

1519년 (31세) ┃ 조정에서 천거과(과거 시험을 보지 않고 추천을 통해 벼슬을 주는 제도)를 만들어 전국에서 추천된 사람이 120명이었는데, 선생이 첫 번째로 추천되었지만 사양하고 벼슬에 나아가지 않았다.

1522년 (34세) ┃ 여름에 속리산과 지리산 등을 유람하고 느낌을 시로 지었다.

1531년(43세)	본래 과거 시험 보는 것을 좋아하지 않았지만 이때에 이르러 어머니의 명으로 과거 시험장에 나아가 생원시에 합격했다. 같은 해 합격한 조언수는 "내 이름이 쓰여진 합격자 발표문에 서경덕의 이름이 같이 있으니 영광이다."라고 했다.
1540년(52세)	대제학 김안국이 그를 조정에 천거했다.
1544년(56세)	후릉참봉을 제수받았지만 벼슬에 나아가지 않았다. 〈원이기(原理氣)〉, 〈이기설(理氣說)〉, 〈태허설(太虛說)〉, 〈귀신사생론(鬼神死生論)〉 등 4편을 지었다.
1545년(57세)	중종의 장례에 대한 의견을 조정에 올렸다.
1546년(58세)	7월 7일 화담 서재에서 별세했다. 그는 갑진년 겨울부터 병상에 누워 있었는데, 7월 7일 병이 조금 나아지자 그를 모시던 사람들의 부축을 받고 연못에 가서 목욕을 하고 서재로 돌아와 얼마 뒤에 별세했다. 죽기 직전 한 제자가 "선생님 지금 심정이 어떠신가요?"라고 묻자 선생은 "죽고 사는 이치를 깨달은 지 오래여서 마음이 편하다."라고 답했다. 8월에 화담 뒷산에 안치되었다.
1572년	윤근수가 사신으로 북경에 갔는데 국자학정(國子學正) 육광조(陸光祖)가 조선에도 맹자의 심법(心法)과 기자(箕子)의 산법을 아는 사람이 있는지를 물었을 때 윤근수는 서경덕과 김굉필, 조광조 등의 이름을 거론했다. 특히 서경덕은 개성 사람인데 화담에 숨어 지내면서 성리학을 명확하게 가르쳤고 유달리 수학에 밝았으며 임금이 여러 번 불렀지만 일생 벼슬에 나아가지 않았다고 한다. 또 중국에서 온 사신이 조선에도 공맹의 심학을 아는 이가 있느냐고 물었을 때 이황은 서경덕과 김굉필, 정여창, 조광조, 김안국이

있다고 대답했다.

| 1573년 | 5월에 윤근수 등이 서경덕의 벼슬을 더 높일 것을 건의했다. |

| 1577년 | 5월에 조정 신하들이 서경덕의 벼슬을 올리도록 청했다. 임금이 이르기를 "서경덕이 지은 책은 주로 기(氣)나 수(數)를 논하고 있어서 도덕을 닦는 일에는 미치지 않았으니 이것은 수학이 아닌가? 서경덕의 공부는 의심할 만한 곳이 많다."라고 했다. |

부제학 이이가 계를 올려 말하기를 "서경덕의 공부는 처음 공부를 시작한 사람들이 본받을 만한 것은 아니지만, 그 학문은 장재에게서 나왔고 그가 지은 글은 모두 성현의 뜻과 일치한다고 하겠습니다. 신이 잘 모르겠습니다만, 세상에서 공부한다고 하는 사람들은 다만 앞선 선비들의 주장을 본따서 자기 말인 것처럼 하지만 실제 마음속에는 아무것도 얻은 것이 없습니다. 하지만 서경덕은 생각이 깊고 넓어서 스스로 얻은 묘미가 매우 많으니 말이나 글자로만 하는 학문이 아닙니다." 이에 임금이 증직을 허락하여 대광보국숭록대부 의정부우의정겸영경연감 춘추관사(大匡輔國崇祿大夫 議政府右議政兼領經筵監 春秋館事)에 추증하고 시호를 문강(文康)이라고 하도록 명했다. 도덕이 있고 널리 배운 것을 문(文)이라 하고 연원이 깊고 두루 통하는 것을 강(康)이라고 한다.

| 1605년 | 서경덕 사후에 제자인 박민헌, 허엽이 그의 시문을 모아서 《화담집》을 냈으나 전란 중에 없어졌으므로 은산 현감 홍방이 다시 수집하여 간행했다. |